PS • MS • GS

Aménager les espaces pour mieux apprendre
À l'école de la bienveillance

Jacques **Bossis**
Catherine **Dumas**
Christine **Livérato**
Claudie **Méjean**

RETZ
www.editions-retz.com
9 bis, rue Abel Hovelacque
75013 Paris

Les auteurs remercient chaleureusement :

- Les élèves, les enseignants et les directeurs des écoles maternelles de Bram, La Barbacane à Carcassonne, Jean Moulin maternelle à Castelnaudary, Malves en Minervois, Henri Wallon à Nîmes, Taipivai et Taiohae Nuku Hiva aux Îles Marquises, Ui Tama Papeete, Erima Arue et Muturea Teva I Uta à Tahiti ainsi que la maison de l'enfance à Faa'a Tahiti ;
- Vanessa Dezerable et Valérie Soler pour leurs contributions à cet ouvrage ;
- Les ATSEM de la maternelle de La Barbacane ;
- Les IEN des différentes circonscriptions de Polynésie et de l'Aude ;
- Jean-Paul Therby (Movies'Aude) pour son professionnalisme et son accompagnement ;
- Claude Ancely, professeur à l'ESPE de Carcassonne pour son regard averti ;
- Les pôles départementaux maternelles de l'Aude et du Gard ;
- Clara Livérato pour ses magnifiques illustrations.

ISBN : 978-2-7256-3351-0

Sommaire

Préface

Thierry Vasse, directeur de l'Éducation de la ville de Caen

Ancien inspecteur Éducation nationale chargé de l'enseignement préélémentaire dans l'académie de Nantes

Tous ceux qui s'intéressent au fonctionnement de l'école maternelle française et à ses enjeux interrogent **les conditions qui favorisent un accueil qualitatif** et questionnent nécessairement l'aménagement des espaces de vie dédiés aux jeunes enfants/élèves.

Le présent ouvrage aborde cette importante question des espaces de vie de l'école maternelle avec clairvoyance et pragmatisme, en interrogeant de manière sous-jacente les postures et actes professionnels susceptibles de contribuer au bien-être des jeunes enfants accueillis. Compte tenu du temps passé par les enfants à l'école au cours des différents moments qui rythment leurs journées d'écoliers, qu'ils soient scolaires ou périscolaires, il s'agit bien de **penser une école bienveillante** et donc une logique de « bientraitance » favorisée par la réflexion des adultes encadrants.

Premier levier pour y parvenir, l'aménagement de l'espace, des espaces. Les auteurs démontrent et étayent la nécessité de prendre appui sur les besoins de l'enfant pour penser des aménagements qui permettront de limiter les contraintes et de favoriser l'implication des jeunes enfants/élèves dans les espaces d'apprentissage. Appui sur les besoins spécifiques à chaque tranche d'âge, parfois contraires, avec une réflexion toute particulière sur les classes de première année de scolarisation. Il y est question de lieux de vie pensés pour les enfants et qui permettent également d'éviter certaines formes de régression quant à l'autonomie déjà mise en œuvre au sein de la vie personnelle et familiale de chacun.

Un second levier clairement identifié permettra au lecteur d'appréhender la **nécessaire évolutivité des espaces sur une année scolaire et sur un cycle d'apprentissage**. Aménagements de classes, d'espaces de découverte, de regroupement, de motricité..., évolutifs et non figés, qui permettront la réelle prise en compte du développement des enfants et de leurs nouvelles capacités dans une logique de parcours scolaire. Pour autant, l'intérêt d'une permanence du cadre global et de l'explicitation par anticipation des changements à venir permettra de garantir les repères et la sécurité affective nécessaire au bien-être des jeunes enfants scolarisés.

Si l'ouvrage permet d'éclairer cette problématique complexe de manière pertinente, c'est parce qu'il aborde la question par de multiples entrées, complémentaires et nécessaires à une réflexion approfondie :

- **en identifiant précisément les différents espaces et aménagements possibles**, leur fonction et objectifs poursuivis, avec scénarii par niveau de classe, dont la spécificité des classes de moins de trois ans ;
- **en explicitant les effets attendus sur les apprentissages des élèves et sur le travail des enseignants**, avec une plus-value certaine sur le travail en équipe et pour ce qui concerne la relation aux familles ;
- **en prenant appui sur des visions complémentaires de professionnels d'horizons différents**, tous concernés par la question des espaces (enseignants expérimentés ou non, mais aussi pédiatre, architecte, psychomotricien). Les regards croisés permettent effectivement de traiter la définition, la conception et la qualification des espaces de manière très étayée ;
- **en proposant des fiches pratiques**, outils guides de réflexion, avec illustrations photographiques très opérationnelles ;
- **en identifiant les points de vigilance** pour accompagner les réflexions des individus et des équipes.

Les auteurs de ce livre, forts d'une excellente connaissance du contexte, ont donc eu le mérite de poser un regard lucide et non condescendant sur ce sujet majeur. Ils interrogent les pratiques, bousculent certains stéréotypes en apportant des réponses concrètes aux problématiques identifiées. Avec cet écrit accessible à tous, étayé de réflexions professionnelles approfondies, ils apportent une vision distanciée en appui sur de nombreuses observations et valorisations d'aménagements de classes et d'écoles efficients.

***

Alors qu'il traite la question des espaces au travers d'une approche essentiellement ciblée pour la classe et pour les enseignants, *Aménager les espaces pour mieux apprendre* a également le mérite d'ouvrir à une réflexion plus approfondie sur le **« penser ensemble » les aménagements d'écoles, de classes, de cours**..., dans le cadre de réflexions conjointes Éducation nationale / collectivités territoriales.

En effet, au-delà de la réflexion fondamentale des enseignants sur le sujet en lien avec les apprentissages scolaires, cette question est bien l'affaire de tous ceux qui ont le souci permanent de mieux appréhender les différents moments vécus par les enfants à l'école. Qui plus est, alors que l'action des agents Ville quant au rangement et au nettoyage des différents espaces de vie des élèves influe également sur le pédagogique, ce sujet nécessite également des réflexions plus approfondies en équipes élargies.

Il est donc fort légitime de penser qu'une approche plus concertée et interinstitutionnelle permettrait d'enrichir la réflexion concernant la construction et l'aménagement des espaces de vie collective scolaires et périscolaires. Ceci, dans une logique de mutualisation au service des enfants/élèves, des familles et des différents professionnels concernés (enseignants, ATSEM, agents de restauration, animateurs des garderies périscolaires ou temps péri-éducatifs...). Il s'agit bien de questionner ensemble l'aménagement des espaces sur les temps scolaires et les temps « non scolaires » de restauration, de garderie, de récréation, d'animation péri- ou extra-scolaire, afin d'en faire un autre levier de progrès au service du bien-être des enfant/élèves, mais aussi du bien-être au travail des différents professionnels concernés.

Le fait de vouloir une école réellement bienveillante, de parler de la **« bientraitance » des enfants accueillis, du plaisir à vivre là des expériences riches** et diversifiées qui aident à grandir en toute sérénité, ne conduit-il pas finalement à interroger un concept de « maison éducation » qui ne pourrait voir le jour qu'à partir de réflexions pluri-professionnelles partagées ?

Introduction : apprendre sans violence

L'école maternelle est un **formidable accélérateur de développement**, un lieu irremplaçable pour aider les enfants à grandir mais elle est aussi un lieu de contrainte. Contrainte par le corps tout d'abord, contrainte de l'esprit ensuite. Ce constat évoqué par les travaux de Michel Foucault[1] doit éclairer l'ensemble des acteurs du monde éducatif sur le paradoxe suivant : l'école incarne une volonté émancipatrice, elle doit être un **lieu d'épanouissement** et favoriser le développement de jeunes enfants tout en les contraignant dans un espace collectif dont les règles sont posées.

L'histoire de l'école maternelle ne s'inscrit pas dans cette volonté d'épanouissement des enfants. Les salles d'asile ont été créées dans le seul but de sortir les enfants des classes populaires de la rue et de leur donner des habiletés pratiques et des soins.

« *En première ligne, se présentent les écoles les plus élémentaires de toutes, celles qui sont connues sous le nom de salles d'asile et où sont reçus les petits enfants de l'âge de deux à six ou sept ans, trop jeunes encore pour fréquenter les écoles primaires proprement dites, et que leurs parents, pauvres et occupés, ne savent comment garder chez eux […] Indépendamment des avantages de sûreté et de salubrité qu'elles offrent pour les petits enfants, […] l'utilité physique, intellectuelle et morale des salles d'asile est donc incontestable ; elles sont la base et pour ainsi dire le berceau de l'éducation populaire ; elles profitent enfin directement aux parents eux-mêmes ; car les mères, libres des soins qu'exigeaient d'elles leurs jeunes enfants, peuvent se livrer sans inquiétude au travail et tirer constamment un salaire de leur journée.* »[2]

Le modèle idéal d'éducation du jeune enfant restant celui de la mère bien après la création des écoles maternelles par Pauline Kergomard en 1881.

1. *Surveiller et punir, Naissance de la prison,* Michel Foucault, collection « Tel », Éditions Gallimard, 1975.
2. Circulaire relative à l'exécution de la loi du 28 juin 1833 concernant l'instruction primaire (du 4 juillet 1833), loi Guizot.

Il faut attendre les années 1960-1970 pour que les classes favorisées investissent massivement l'école maternelle et infléchissent le programme vers le bien-être de l'enfant.

On avait compris, dès la fin du XVIIIe siècle, la nécessité de mettre les jeunes enfants à l'abri des dangers de la rue mais la seule préoccupation du gardiennage avait inspiré les créateurs des salles d'asile. Ces dernières furent réservées aux enfants des familles ouvrières qui s'y trouvaient regroupés massivement et soumis à un dressage au cours duquel ils demeuraient passifs.

Très rapidement, les manifestations spontanées de la vie du jeune enfant telles que le jeu, l'activité libre, ont été reconnues comme révélatrices de ses besoins fonctionnels. La croissance, dans tous les domaines, n'apparaissait plus comme la résultante de l'accumulation des connaissances mais comme **une lente construction dont l'enfant lui-même devenait l'artisan, à côté de l'adulte.**[3]

« Sans rendre obligatoire l'apprentissage précoce de la lecture ou de l'écriture, la formation qui y est dispensée (NDLA : dans les classes maternelles) favorise l'éveil de la personnalité des enfants. Elle tend à prévenir les difficultés scolaires, à dépister les handicaps et à compenser les inégalités. »[4]

Aujourd'hui, l'école maternelle cristallise toutes les ambitions de la société et est **porteuse de la réussite future des enfants** qui lui sont confiés. Elle doit donc concilier des attentes scolaires fortes au regard des apprentissages et prendre en compte les besoins de chaque enfant. Cet ouvrage tente de répondre à cette double exigence.

3. Circulaire sur l'école maternelle du 2 août 1977.
4. Article 2 de la loi Haby du 11 juillet 1975.

Un constat, des propositions

Le plus souvent, les différents dispositifs scolaires mis en place procèdent d'une intention ancrée dans l'habitude, le mimétisme, la reproduction de pratiques ancestrales héritées de l'histoire maternelle et qui ne font plus l'objet de questionnement par personne.

Des pratiques naturalisées (ou traditionnelles)

• Les ateliers

La meilleure des illustrations en est la mise en œuvre des incontournables « ateliers tournants ». Le raisonnement est simple : pour un collectif de vingt-huit élèves à gérer, il suffit de construire quatre groupes, les deux premiers à charge du maître et de l'agent territorial spécialisé de l'école maternelle (ATSEM), les deux derniers en autonomie. Mais quel enseignant ne s'est pas ainsi trouvé pris au piège d'une rotation infernale qui l'oblige à laisser un œil rivé sur la pendule, un autre sur l'activité de l'ensemble des élèves et qui, au bout du compte, lui laisse le sentiment de déplacements stériles qui n'ont engendré que de rares échanges sur les apprentissages ? Or si cette logique gestionnaire part d'une intention louable, ne gérer que de petits groupes, elle ne répond pas aux besoins des enfants et ne peut satisfaire davantage des adultes qui annoncent spontanément procéder ainsi car, disent-ils : « Je l'ai vu dans toutes les classes que j'ai visitées. »

La réalité du terrain qui révèle une omniprésence du fonctionnement en ateliers dans les classes oblige à se questionner sur ce dispositif pour en connaître les éventuelles raisons et en pointer les inconvénients certains concernant le maître et l'élève.

Voici quelques éléments de réponse :

BRILLANT

Les raisons de cette pratique	Les limites pour le maître	Les limites pour l'élève
Par habitude : « J'ai toujours vu cette organisation. »	Ne plus se questionner sur l'intérêt d'un tel dispositif.	Développer les mêmes automatismes pour toutes les tâches à accomplir : entendre son nom, se lever, s'asseoir, produire, dater, signer, ranger.
Par facilité : « Le dispositif est aisé à mettre en place. Passation de consignes, installation rapide du groupe. »	S'assurer, en permanence, de la bonne compréhension individuelle de la consigne.	Se sentir insécurisé : se retrouver face une tâche à réaliser imposée et vide de sens.
Par gain de temps pour la préparation : « quatre ateliers à prévoir qui vont tourner dans la semaine. »	Gérer l'absentéisme des élèves : l'atelier doit-il leur être à nouveau présenté ?	Ne pratiquer qu'une fois dans la semaine la peinture, l'argile, le jeu mathématique, l'activité graphique…
Pour la maîtrise du collectif : « Ils sont tous occupés. »	Avoir une bonne gestion du temps : si l'activité est trop facile, le groupe sera vite inoccupé. Si elle est trop ardue, le groupe ne sera pas autonome et sollicitera constamment l'aide de l'adulte.	• Être inscrit d'office à un atelier non choisi et réaliser sa tâche sans envie ni désir. • Enchaîner les photocopies et les fiches pour occuper le temps.
Pour la sécurité : des déplacements, des mouvements sous contrôle.	• Rappeler en permanence aux élèves où est leur place. • Scruter sans cesse les comportements des enfants pour repérer qui s'ennuie, qui ne comprend pas, dans le but d'éviter des individus qui s'agitent sur leur chaise, se tortillent ou font du bruit.	Ne pas choisir ses locuteurs, peu de possibilités d'interactions langagières nouvelles entre pairs ou avec l'adulte.
Pour le côté rassurant de la trace.	Attendre une trace trop normée et trop vite « scolaire ».	Comparer sa production à celle de ses pairs, dévaloriser ses capacités.
Pour développer l'autonomie de l'enfant.	Évaluer son apprentissage : qu'a-t-il réellement appris ?	Ne pas se sentir autonome : sa place, son activité, ses pairs lui sont imposés.

Par manque d'intérêt ou de connaissance sur la construction des apprentissages.	• Ne pas comprendre, ne pas savoir analyser les résultats de l'élève. • Ne pas respecter la zone proximale de développement de chaque individu.	Avoir le sentiment de ne pas apprendre.
Par manque d'intérêt ou de connaissance sur les besoins de l'enfant.	Incompréhension du comportement de l'élève.	Mal vivre l'école.

Malgré ce schéma assez critique, la mise en ateliers témoigne pourtant d'une faculté des maîtres à accepter de ne plus avoir la main sur toute la classe, à tolérer la diversité. Mais également, elle révèle une capacité des enfants à chercher, expérimenter, travailler seuls si l'adulte leur offre des situations stimulantes. Ce pourrait être, dans une autre utilisation, un bon moyen de différenciation pédagogique ; c'est en ce sens qu'il conviendrait de revoir la fonction de ces ateliers, actuellement coûteuse en préparation pour une pertinence et une efficacité très limitées.

Les regroupements

Une autre pratique emblématique de l'école maternelle, très usitée, mérite une attention particulière : le regroupement. Un espace lui est dédié pour que tous les élèves de la classe puissent être assis ensemble, au même moment. Il peut avoir lieu à différents moments de la journée et n'a pas toujours les mêmes fonctions. Ces temps collectifs égrènent la journée et n'évoluent pas toujours dans le bon sens : si en début d'année, le maître veille à ce qu'ils soient le plus courts possible, par la suite, de mois en mois, leur durée s'allonge généralement au détriment du temps de concentration et de l'intérêt de l'élève. Ainsi, la somme des regroupements quotidiens est supérieure aux temps dédiés pour les activités individuelles ou en petits groupes. Mais si ce dispositif semble inévitable, est-il pour autant efficace et nécessaire ?

Ce tableau met en lumière les raisons mais également les limites de celui-ci pour le maître et les élèves :

Les raisons de cette pratique	Les limites pour le maître	Les limites pour l'élève
Pour les activités ritualisées : construction des repères spatio-temporels, appel, lectures offertes, comptines...	• Favoriser l'attention collective. • Allonger la durée du regroupement qui augmente tout au long de l'année.	Se concentrer sur un long monologue, quelques fois sur un dialogue entre pairs et adultes, s'ennuyer, s'agiter, subir la contrainte de la longueur du temps.
Pour présenter l'ensemble des consignes de travail.	S'assurer de l'attention collective.	• Comprendre les réalisations des tâches demandées : le parasitage des pairs qui parlent et bougent fait perdre des informations. • Identifier sa tâche et s'en souvenir.
Pour partager des pratiques.	Vérifier que chacun puisse à un moment ou un autre présenter son travail.	Ne pas se sentir concerné.
Pour réfléchir ensemble.	Équilibrer la participation active et la réflexion.	S'impliquer dans la tâche.
Pour présenter des productions.	Rester centré sur ses objectifs.	Attendre uniquement la présentation de sa production et ne pas porter attention à celle d'autrui.
Pour livrer ses points de vue.	Gérer l'incapacité de certains élèves à le faire. Impliquer chacun individuellement.	Subir les enfants écrans (ceux qui s'expriment tout le temps) ou au contraire se réfugier derrière la prise de parole des orateurs qui monopolisent la conversation.
Pour un retour évaluatif.	Trouver l'équilibre entre l'attention au collectif et l'attention à l'individuel.	Comprendre les procédures cognitives des pairs.
Pour découvrir.	Anticiper l'imprévisible, l'excitation des élèves.	Attendre du maître essentiellement une posture de magicien.

Le regroupement est un exercice difficile pour tout enseignant débutant en maternelle : gestion du temps, de l'intérêt des élèves, de la participation orale, de la réflexion. S'il est vécu comme étant un équilibre périlleux pour le maître et d'un intérêt relatif pour l'élève, il faut, également, en changer la formule.

Il mérite d'être revisité car il s'avère indispensable pour des raisons qui seront détaillées dans un autre chapitre.

Les déplacements collectifs

D'autres activités se pratiquent essentiellement en grand groupe, comme par exemple, les déplacements collectifs. Communément nommés « le rang » ou « le petit train », ils font partie, au même titre que les dispositifs en ateliers et le regroupement, d'une idée reçue de l'école maternelle qui veut que la gestion du groupe soit prioritaire sur les besoins de l'individu.

Les raisons de cette pratique	Les limites pour le maître	Les limites pour l'élève
Pour le gain de temps : tous ensemble pour aller plus vite.	Gérer le bruit.	Manquer d'autonomie.
Pour répondre à un besoin : l'enfant doit passer aux toilettes avant une activité.	Occuper ceux qui n'en manifestent pas le besoin, éviter les conflits avec les opposants.	Ne pas pouvoir s'isoler, ne pas avoir d'intimité pour les enfants pudiques.
Pour éprouver le plaisir du déplacement en « petit train ».	Perdre du temps pour se mettre en place.	Arriver à se déplacer tous au même rythme : difficulté de se synchroniser à la vitesse du groupe.
Pour éviter le manque de surveillance concernant des élèves qui se retrouvent seuls aux toilettes.	Passer son temps à répondre de manière récurrente tout le long de l'activité à la question : « est-ce que je peux aller aux toilettes ? »	Se sentir en insécurité confiné dans un espace clos et bruyant.
Pour vérifier s'ils se lavent correctement les mains après l'activité peinture.	Attendre que tous aient fini leur activité, presser les « retardataires ».	Travailler au même rythme que les autres enfants : devoir cesser sa production en cours de réalisation pour accompagner aux toilettes.

Pour gérer les débordements : « qu'ils ne se mouillent pas trop, qu'ils ne jouent pas avec l'eau. »	Monopoliser un adulte aux toilettes.	Ne pas pouvoir s'autoévaluer : est-ce que je me débrouille bien ? Est-ce que je sais faire tout seul ?
Pour être prêts ensemble pour sortir dans la cour.	Stresser tous les élèves pour être le plus efficace possible en un temps réduit.	S'ennuyer, avoir chaud pour les enfants qui sont habillés en premier.

Même s'il ne constitue pas un vecteur d'apprentissage et s'impose plus comme une contrainte du côté élève, ce type de déplacement semble inévitable quand il répond à des impératifs horaires : sortir ensemble dans la cour de récréation, se déplacer pour aller faire les activités sportives dans la salle de jeu… Ils peuvent, toutefois, se gérer de manière fluide.

Ainsi, par exemple, pour l'habillage avant la sortie dans la cour, dès que quelques enfants sont vêtus, l'enseignant les accompagne à l'extérieur et l'ATSEM finit la tâche avec le reste du groupe ; chacun à son tour, rejoignant le maître dès qu'il est habillé. De même, pour le lavage des mains, des lingettes dans la classe ou un seau d'eau facilitent, sur place, les simples débarbouillages. Ou encore, pour limiter les premiers passages aux toilettes, les parents peuvent accompagner l'enfant avant son entrée en classe…

Et la liste des activités qui définit l'école première d'un sincère « la maternelle c'est comme ça » est encore longue : les rituels, le goûter, etc.

Ces pratiques, perpétuées par la tradition, répondaient à un besoin ressenti par les ensei-gnants de gérer un nombre conséquent d'enfants dans les années soix-ante-soixante-dix (*cf.* rapport IGEN) et voulaient rompre avec une école maternelle qui tenait davantage de la salle d'asile autrefois. Dorénavant, elles se heurtent frontalement aux savoirs que les spécialistes ont construits sur les enfants de 3 à 5 ans depuis des décennies. Mais si l'ensemble des partenaires continue à penser la classe comme un collectif et non comme un groupe d'individus, l'aménagement de l'espace mis en œuvre ne peut répondre que très partiellement aux besoins de chacun.

C'est pour cette raison que l'école est encore qualifiée de « trop violente » : elle doit, désormais, devenir « bienveillante ».

La nécessité de repenser l'espace pour respecter les besoins des enfants

Cet ouvrage est le fruit de la réflexion menée par une équipe formée d'inspecteurs, de conseillers pédagogiques, d'enseignants ayant étudié la classe comme un lieu de vie. Elle a pensé les espaces pour répondre aux besoins des enfants, selon leur âge, leur rythme particulier. Deux principes ont guidé le raisonnement :

• **Premièrement, libérer les individus d'une contrainte par corps** qui ne répond nullement à un modèle pédagogique proposé par l'institution. Ainsi, chacun devient libre de circuler au sein de la classe dans des espaces aménagés par l'enseignant et qui respectent les besoins moteurs, sensoriels, affectifs, relationnels et cognitifs des plus jeunes.

• **Secondement, laisser la possibilité à chacun de s'exercer, aussi longtemps qu'il le souhaite, aux différentes activités proposées.** Il est nécessaire de rappeler qu'apprendre prend du temps (beaucoup), quelles que soient les compétences que l'enfant ait acquises ou non avant son arrivée à l'école.

Ces principes ont pour ambition, d'une part de favoriser l'autonomie et l'initiative chez l'élève, d'autre part de libérer le maître du carcan des pratiques ancestrales.

Le dispositif de cet ouvrage

- Revisiter l'approche de l'organisation de l'espace classe afin qu'il soit évolutif et significatif pour les enfants.
- Permettre aux élèves de circuler librement d'un lieu à un autre et de s'exercer dans des activités répondant à leurs besoins individuels.
- Libérer l'enseignant pour qu'il s'autorise à observer sereinement ses élèves dans des situations d'apprentissage variées mais aussi pour qu'il puisse fixer son attention sur un seul élève ou un petit groupe dont les besoins précis ont été identifiés.
- Individualiser le travail de l'élève, penser des parcours d'apprentissage pour chacun d'entre eux.
- Repenser le travail de préparation de la classe afin qu'il s'adapte aux besoins de chaque tranche d'âge. ➤ Film 1 – Comment individualiser le travail de l'élève ?

Dans ce nouveau cadre, le rôle assigné au professeur des écoles est :

- de concevoir, en amont, les espaces adaptés à l'âge et aux besoins de chacun ;
- de rencontrer chaque enfant individuellement, mais aussi au sein d'un groupe plus ou moins étendu pour valoriser toute prise d'initiative, l'amener à dépasser ce qu'il sait déjà faire, mettre des mots sur ce qu'il réalise dans tous les espaces aménagés ;
- d'accepter que certains enfants n'expriment pas encore le désir de se joindre au groupe, souhaitent s'isoler ou répètent à l'envi des gestes identiques plusieurs jours de suite (voire plus longtemps encore) dans le même espace.

À ces conditions, la classe ne se vivra plus seulement comme un lieu pour les apprentissages, mais elle en deviendra le moteur.

Les auteurs se sont appuyés sur les travaux de Freinet et de Montessori, les théories du développement de l'enfant, les neurosciences. Tous valorisent l'importance pour de jeunes enfants d'aller à l'école avec plaisir parce qu'ils savent qu'ils apprennent dans une atmosphère bienveillante.

> C'est à une profonde rénovation de l'espace de vie et d'activités que la mission appelle, afin que le cadre de la classe et de l'école constitue vraiment un milieu porteur pour les apprentissages, un point d'appui pour une pédagogie qui favorise les initiatives des enfants.[1]

« *L'école maternelle est une école bienveillante, plus encore que les étapes ultérieures du parcours scolaire. Sa mission principale est de donner envie aux enfants d'aller à l'école pour apprendre, affirmer et épanouir leur personnalité. Elle s'appuie sur un principe fondamental : tous les enfants sont capables d'apprendre et de progresser. En manifestant sa confiance à l'égard de chaque enfant, l'école maternelle l'engage à avoir confiance dans son propre pouvoir d'agir et de penser, dans sa capacité à apprendre et à réussir sa scolarité et au-delà.*[2] »

Vers une nouvelle organisation

En somme, tout pédagogue a un objectif simple : voir les enfants heureux, à l'aise dans leur corps et désireux d'apprendre. Pour atteindre ce but, il doit créer un contexte bienveillant et empathique. Cette volonté appelle chaque enseignant à repenser l'école, à reconsidérer les pratiques traditionnelles pour mieux répondre aux besoins des enfants.

---

1. Rapport IGEN 2011.
2. Nouveaux programmes pour l'école maternelle BO spécial n° 2 du 26 mars 2015.

Une école qui tient compte du développement de l'enfant

Catherine Gueguen[3] précise, dans son ouvrage intitulé *Pour une enfance heureuse*, que « l'environnement affectif n'est pas un accessoire utile et sympathique, c'est le terreau même qui conditionne la croissance ».

Les nouveaux programmes pour l'école maternelle affirment également la nécessité de prendre en compte le développement de chaque enfant :

« *Sur toute la durée de l'école maternelle, les progrès de la socialisation, du langage, de la motricité et des capacités cognitives liés à la maturation ainsi qu'aux stimulations des situations scolaires sont considérables et se réalisent selon des rythmes très variables.*

Au sein d'une même classe, l'enseignant prend en compte dans la perspective d'un objectif commun les différences entre enfants qui peuvent se manifester avec une importance particulière dans les premières années de leur vie. L'équipe pédagogique aménage l'école (les salles de classe, les salles spécialisées, les espaces extérieurs...) afin d'offrir aux enfants un univers qui stimule leur curiosité, répond à leurs besoins notamment de jeu, de mouvement, de repos et de découvertes et multiplie les occasions d'expériences sensorielles, motrices, relationnelles, cognitives en sécurité. Chaque enseignant détermine une organisation du temps adaptée à leur âge et veille à l'alternance de moments plus ou moins exigeants au plan de l'implication corporelle et cognitive.[4] »

Repenser un aménagement

Aménager les espaces de la classe, de l'école est un principe fondamental pour favoriser le bien-être des enfants.

Accueillant des enfants dans des situations sociales et personnelles variées, l'enseignant doit veiller à ce que chaque enfant trouve sa place et s'épanouisse dans l'aménagement qu'il va proposer. Tout doit participer à un accueil harmonieux le plus individualisé possible qui visera la réussite de tous. Pour cela, l'enseignant veillera à expliquer sa démarche aux familles mais aussi à les impliquer dans la réussite de leur enfant. L'ensemble de l'équipe éducative sera bien entendu associé : l'équipe enseignante, les ATSEM, la collectivité territoriale.

La maternelle a déjà fait ses premiers pas dans le domaine mais il s'agit maintenant d'y réfléchir de manière plus pragmatique pour ne pas se contenter d'installations stéréotypées. Il faut, par exemple, envisager des espaces évolutifs dans le cycle mais aussi sur l'année ou encore trouver des solutions qui répondent à des besoins variés et contradictoires :

3. Catherine Gueguen, *Pour une enfance heureuse*, Éditions Robert Laffont, 2014.

4. Nouveaux programmes pour l'école maternelle BO spécial n° 2 du 26 mars 2015.

- besoin de s'isoler / besoin de jouer ensemble ;
- besoin de bouger / besoin de repos ;
- besoin de sécurité affective / besoin de découverte.

Finalement, il faut se donner les moyens de favoriser des apprentissages progressifs ayant du sens pour chacun en parfaite cohérence avec le principe de coéducation partagé avec les familles ou les autres modes de garde.

En outre, il est judicieux de rappeler que les enfants du XXIe siècle sont enrôlés dès la prime enfance dans l'usage des technologies nouvelles : ils passent ainsi de moins en moins de temps à jouer, expérimenter, s'essayer à de nouvelles rencontres ou même à échanger au sein de la sphère familiale. Les espaces scolaires sont donc primordiaux ; ils doivent permettre de faire des découvertes parfois impossibles à réaliser dans les familles.

Prendre en compte les besoins des enfants

1. Besoin de sécurité affective

L'enfant recherche une relation individuelle avec l'adulte (échanger, avoir un contact corporel rassurant). Elle sera progressivement partagée avec ses pairs.

« Pour interagir dans la classe, le jeune enfant doit voir l'adulte, recours en cas d'insécurité. Les interactions de ces jeunes enfants sont fragiles, incertaines, risquées, sources possibles de malentendus et de conflits. Il faut donc que les adultes soient accessibles aux enfants, sans rupture physique et visuelle majeure, tout en leur permettant de s'éloigner d'eux en sécurité. J'ai constaté qu 'il suffit parfois de déplacer le mobilier pour modifier les réactions entre pairs. »[5]

Concrètement : supprimer les meubles en hauteur, répartir les adultes dans des lieux différents, créer un lien physique (la voix, le geste, le regard) avec un enfant éloigné, ne pas hésiter à le prendre par la main, sur les genoux...

2. Besoin fondamental de mouvement

Il appréhende des expériences motrices comme moyen de construire des comportements, des relations, des connaissances (motricité globale, motricité fine, activités ludiques).

5. A. Legendre, extrait d'un entretien paru dans *Fenêtres sur cours*, n° 405, novembre 2014, p. 61.

L'espace moteur est un des plus fréquentés par les élèves, il est rarement inoccupé. Il est à noter que lorsque l'enfant arrive en classe son rythme cardiaque est élevé et ne s'apaise qu'au bout de trente minutes... ce qui explique en partie la forte fréquentation de l'espace moteur dès le début de la matinée.

Concrètement : si la classe est petite, se servir des dégagements pour créer des espaces moteurs (par exemple : annexer une partie du couloir pour mettre des trotteurs, installer des tapis et du matériel de motricité dans le dortoir...).
Ne pas diminuer la surface de l'espace pour respecter les différences d'âge dues aux mois de naissances : certains enfants ont jusqu'à 11 mois d'écart avec leurs congénères et donc des besoins moteurs importants tout le long de l'année.

3. Besoin d'autonomie, de se sentir grand : il souhaite faire « tout seul »

Il souhaite prendre possession du monde et du milieu qui l'entoure et dans ce but il doit rompre sa dépendance à l'adulte, au moyen d'espaces stimulants et riches, offrant la possibilité de comportements individualisés (tâtonnements, expérimentations...).

Concrètement : installer de vrais outils (pour un espace bricolage par exemple), prévoir du matériel en quantité suffisante (deux barils de cubes plutôt qu'un...), donner des défis à visée scientifique et mathématique pour induire une manipulation des objets. Pour les élèves plus âgés, proposer de la nouveauté : des espaces inexistants chez les plus jeunes voient le jour, comme par exemple, l'espace numérique. Ces « nouveautés » relancent l'envie, le désir d'apprendre en suscitant de nouvelles motivations. Ces espaces valorisent la classe des grandes sections.

4. Besoin de comprendre, de chercher, d'expérimenter, de découvrir

Il a le désir de progresser, de se dépasser... il peut l'assouvir en manipulant à volonté. De plus, il aime attirer l'attention de l'adulte sur ses réussites cognitives ; il attend que celui-ci le complimente pour se valoriser.

Concrètement : les espaces doivent rester suffisamment longtemps en place pour laisser le temps à l'enfant de s'approprier le matériel, les règles de fonctionnement, de créer des petites routines de jeux avec un ou deux camarades... Installer dans l'espace un affichage qui garde en mémoire les réussites de chacun.

5. Besoin de relations, de communication

Il est avant tout un être social ; les déplacements libres lui permettent de choisir son ou ses locuteurs et de multiplier ainsi les interactions langagières.

Concrètement : l'adulte doit prendre le temps d'observer un par un les élèves pour repérer qui est toujours seul, les binômes, qui ne participe pas... et aider ainsi les plus fragiles à s'intégrer.

6. Besoin de repos

Il récupère grâce aux temps de sieste adaptés à son âge et à ses rythmes. Des moments de repos très courts peuvent être observés dans la journée : le jeune élève doit pouvoir trouver, à ce moment-là, dans la classe, un coin confortable et plus intime où il pourra s'isoler.

Concrètement : l'espace repos évolue pendant l'année. En première et deuxième période, il est important. Sa place se réduit petit à petit par la suite (prévu pour deux ou trois élèves). Il ne doit toutefois pas disparaître.

7. Autres besoins physiologiques...

L'enfant doit pouvoir boire quand il a soif, manger quand il a faim (et pas forcément tous ensemble et tous la même quantité !).

Aménager les espaces : les bénéfices attendus

S'investir dans une approche et une organisation nouvelles de la classe interroge toujours sur les enjeux et les conséquences d'un tel choix.

Puisque les dispositifs actuels se centrent sur le groupe plus que sur l'élève et ne tiennent pas compte des besoins propres à chacun, **il faut engager une pratique pédagogique autre, une approche différente de la préparation de la classe et un changement inévitable dans la posture de l'enseignant.** Ce n'est possible qu'en aménageant l'espace classe.

La notion de « pôle d'attractivité » est liée à cet aménagement : il s'agit d'**installer dans la classe du matériel qui va attirer le regard de l'enfant, lui donner envie d'agir, le motiver à interagir**.

Film 11 – Comment libérer l'enseignant pour qu'il observe sereinement les élèves ?

Les pôles sont attractifs quand :

- **ils répondent à des besoins :** bouger, jouer, manipuler, s'entraîner... ;
- **le matériel est en bon état :** les puzzles sont complets, les voitures roulent sans difficulté... ;
- **l'intérêt y est renouvelé :** des défis supplémentaires, de nouvelles découvertes sont proposés... En moyenne et grande sections, leur organisation évolue plus vite qu'en petite section. Ainsi, par exemple pour les plus jeunes, un bac à semoule peut rester plus de trois mois sans que l'intérêt pour l'élément ne baisse ;
- **l'aménagement y est soigné :** un tapis confortable, un espace douillet... ;
- **l'élève sait ce qu'il peut faire du matériel :** reproduire des fiches de construction, les modèles d'autrui, s'autoévaluer...

Ces pôles émaillent les différents lieux pour équilibrer les fréquentations, faciliter la gestion du bruit. Ils sont accessibles à tous et ne sont limités ni en nombre ni en durée de fréquentation, les plages variant d'un individu à un autre. Ils libèrent l'enseignant d'une conduite collective de la classe, favorisent l'autonomie de l'élève et apaisent le climat général en limitant les conflits dus à la rareté des jeux dans une salle.

Du point de vue de l'élève

Des élèves plus autonomes

Film 7 – Comment multiplier les interactions langagières ?

Installer des « pôles d'attractivité » multiples et variés permet à l'élève de faire son propre « menu du jour ». **Il va se déplacer librement dans les espaces mis à sa disposition**. L'enseignant ayant pensé en amont le contenu de chaque espace, l'ayant organisé et adapté à l'âge et aux besoins de chacun, l'élève dispose d'un environnement de travail propice aux découvertes, aux renforcements de compétences ou encore à l'entraînement. Il a le choix de travailler seul, à deux ou en petit groupe. Il gère de manière autonome, notamment à certains moments de la journée, ses déplacements, l'enchaînement de ses activités.

Des élèves plus impliqués

Cette organisation en **pôles d'attractivité** par rapport à un dispositif classique assure une plus grande disponibilité des élèves pour les apprentissages, notamment langagiers. En effet, ils participent aux activités « dirigées » de façon volontaire, une fois qu'ils considèrent avoir suffisamment fréquenté les activités ou jeux libres. **Les élèves, moins frustrés, sont alors plus impliqués et attentifs**. Cette disponibilité est un facteur indispensable pour une plus grande efficacité des enseignements.

Dans *L'apprentissage de l'abstraction*, B.-M. Barth écrit :

> *« Autrement dit, si on arrive à impliquer l'élève intellectuellement dans ce qu'il fait en l'amenant à la réussite, la satisfaction qu'il en tirera sera suffisante pour assurer un intérêt à la tâche et établir une bonne relation avec la personne qui l'assiste dans cette tâche. Dans ces conditions, l'élève n'abandonnera pas non plus et une confiance réciproque s'installera. Mais il faut que les deux partenaires, professeur et élève, remplissent ce contrat.* » (p. 34, Retz, 2005)

Pour bien vivre l'école, il faut avant tout se sentir serein, en confiance, en sécurité des deux côtés : enseignant et élève. La mission est possible à une condition : créer une rencontre qui va impliquer l'élève, et lui seul.

Et c'est en proposant de nombreux choix d'activités aux élèves que l'adulte va pouvoir lâcher prise sur le groupe pour se rendre plus disponible pour un élève en particulier. En observant les enfants circuler dans la classe, il sera effectivement en mesure de repérer celui qui a passé un moment assez long à l'espace moteur, par exemple. Il estimera que cet enfant aura donc suffisamment exercé ses compétences motrices et sera, désormais, mieux disposé à entrer dans des apprentissages plus formels. L'enseignant pourra alors lui proposer d'intégrer une autre activité, en fonction de ses besoins.

Des élèves plus coopératifs

Film 5 – Comment amener l'enfant à dépasser ce qu'il sait déjà faire ?

Quand un enfant est contraint à une tâche, par exemple : « Je veux que tu réalises maintenant une pyramide de cubes », ses réactions sont diverses :

- soit il s'active docilement ;
- soit il opère lentement, sans motivation, après forces encouragements : « Allez ! Pose encore un cube ! » ;
- soit il s'oppose passivement : les bras croisés sur la table, il attend poliment que le temps passe ;
- soit il manifeste bruyamment son refus : « Non ! Je ne veux pas le faire ! »

La mise en place des pôles d'attractivité permet aux enfants **une entrée dans les activités de leur plein gré et un ressenti de la contrainte très allégé**. En effet, l'adulte ne les sollicite qu'après avoir investi les espaces de leur choix. Ils le suivent donc volontiers dans sa demande car les élèves ont intégré que les espaces, les jeux sont à leur disposition et leur accès en est rarement interdit. Il n'y a pas de frustration, pas d'opposition.

Des élèves plus productifs

Le maître organise l'espace et en définit précisément les objectifs pour qu'il soit inducteur d'apprentissages formels (sans nier, toutefois, la part de l'incident). Il fait des choix didactiques. Selon le traitement des « espaces », il favorise différents types d'apprentissages, sous des formes d'expériences variées : agir, s'entraîner, expérimenter, mémoriser, prendre le temps de la réussite et enfin comprendre.

Des élèves plus en interaction avec l'adulte

Mais le point fort de ce dispositif est, sans aucun doute, **une plus grande disponibilité des adultes pour des interactions avec chaque élève**. L'enseignant, notamment, peut être au plus près des besoins intellectuels de chacun, tant pour les apprentissages du domaine concerné que pour les apprentissages langagiers et linguistiques.

Nicole Arrighi Galou dans son ouvrage *La scolarisation des enfants de 2-3 ans et ses inconvénients* (p. 79) cite Laurence Lentin :

> *« Les conversations entre enfants n'ont guère de valeur dans le domaine de l'apprentissage linguistique. Seules les communications individuelles adulte-enfants permettent l'enrichissement des bagages linguistiques et cognitifs. Seul l'adulte est conscient de l'aide qu'il peut apporter à l'enfant et des moyens qu'il doit utiliser pour individualiser les apports ou les corrections.*
> *Pour que les entretiens verbaux deviennent dialogue à deux, il faut que l'enfant ait l'impression d'avoir l'adulte pour lui tout seul. Donc, en milieu scolaire, l'enseignant doit s'efforcer de se trouver en tête à tête avec l'enfant, en prenant soin que "son corps masque à l'enfant ce qui l'entoure". »*

Film 5 – Comment amener l'enfant à dépasser ce qu'il sait déjà faire ?

La relation duelle permet, par ailleurs, de valoriser ce que l'élève sait produire et de le faire progresser à chaque fois un peu plus. L'adulte n'attend pas de l'enfant qu'il se conforme aux résultats du groupe et ne compare pas ses productions à celles du groupe. Autant d'élèves, autant de niveaux : **chacun produit à son niveau et chaque niveau est valorisé.**

En outre, le nombre d'enfants concernés par des apprentissages formels sur des temps adaptés à chacun se révèle plus important que pour des dispositifs classiques, type « ateliers tournants ». En effet, l'individu participant de son plein gré aux activités considérées comme plus « scolaires » les enchaîne sans réticences.

Ces aménagements de classe révèlent les fonctions de l'école qui doivent s'exercer tant avec bienveillance que dans l'exigence en visant de réels objectifs didactiques. Ils mobilisent le cognitif en permettant à l'enfant de faire des choix, de les assumer sur un temps défini par lui-même et en laissant de fait des plages nouvelles à des maîtres pour assurer la différenciation pédagogique avec des élèves.

La fixité des espaces, des objets et des cadres parfois trop scolaires supprime bien souvent ce qui fait le cœur même de l'école maternelle.

• Des élèves plus créatifs

Tout ce qui relève de la création, l'expression, l'imagination appartient au domaine de l'individualité et de la personnalité de chacun. Le travail individuel et autonome doit donc être valorisé : **l'enfant doit pouvoir produire selon ses capacités, son inspiration, son goût du moment.** Pour cela, il a accès libre au matériel.

Si, en petite section, l'élève apprend à utiliser des outils, à laisser et à observer les traces, dès la moyenne section, le maître l'encourage à énoncer un projet. Celui-ci, pour mémoire, est écrit au dos du support et rappelé si nécessaire à son auteur lors de la réalisation.

En outre, la créativité demande du temps : l'adulte encourage l'individu à faire, refaire, cheminer, avoir de nouvelles idées. Comme « on ne crée pas à partir de rien », les trouvailles astucieuses et personnelles sont valorisées pour être réinvesties par d'autres enfants.

En résumé : des élèves plus coopératifs, plus productifs, plus créatifs car moins de collectif !

Du point de vue de l'enseignant

Par rapport à un dispositif classique, on observe un gain de temps et de meilleurs gestes professionnels, car l'enseignant consacre plus de temps aux apprentissages réellement effectués par les élèves en :

- les observant individuellement ;
- analysant leur activité ;
- apportant des réponses à leur activité ;
- différenciant.

• Des enseignants plus attentifs

Film 11 – Comment libérer l'enseignant pour qu'il observe sereinement les élèves ?

Les élèves en activités, l'enseignant prend le temps d'observer les déplacements, les choix de chacun. Ainsi, il a une connaissance plus fine de l'enfant, de ses envies, ses besoins, ses pôles d'intérêt mais également de ses rejets. Le choix que l'élève fait de ses activités et du temps qu'il y consacre (son parcours dans la matinée) aide l'adulte à mieux comprendre son fonctionnement. Il ne peut combler efficacement les faiblesses de chaque individu que s'il les a identifiées.

Comparer le dispositif des espaces au dispositif des ateliers illustre le propos pour en avoir une meilleure compréhension :

1. Dans les ateliers, l'inscription des enfants est figée (souvent par le maître) / dans les espaces, la fréquentation est généralement dépendante du choix de l'élève.

> **Exemple dans les ateliers :** « C'est lundi, je suis dans le groupe des bleus et la maîtresse a dit que je dois me trouver à l'atelier empilage de cubes. Je m'assois parmi les "bleus" et j'y reste...même si je n'en ai pas envie ou besoin. »

Dans le dispositif des espaces, le même enfant commencera de sa propre initiative sa journée par l'espace moteur, puis se dirigera spontanément vers l'espace graphique pour tester de nouveaux outils et enfin la maîtresse le sollicitera pour venir à l'espace jeux de construction où il empilera des cubes pour comparer des hauteurs, si et uniquement si elle estime qu'il en a besoin. **L'enfant sera plus disponible pour apprendre car l'adulte le prendra en charge au moment le plus judicieux.** Il a ainsi une posture d'accompagnement qui favorise une aide ponctuelle efficace.

Le professeur des écoles sait quel individu doit se présenter sur l'espace qu'il anime, soit parce qu'il a repéré une fragilité, soit, par exemple, parce qu'il souhaite aborder en sa compagnie une nouvelle notion. Si l'enfant ne se présente pas de son propre chef, l'enseignant l'interpelle individuellement en lui expliquant l'intérêt de venir travailler avec lui.

2. Les ateliers ont une durée fixe / dans les espaces, la durée est variable.

> **Exemple dans les ateliers :** « Je m'appelle Moussa et je dois coller des pommes sur un arbre de 10 h à 10 h 30. »

Dans le dispositif des espaces, Moussa va peut-être rester trente minutes à coller des pommes mais il l'aura choisi sciemment (pour des raisons aussi diverses que : il aime ce qu'il fait, il s'entraîne à coller, il est assis à côté de son ami...). En revanche,

Alban n'en collera que cinq mais il estimera qu'il est allé au bout de sa tâche. Il peut se lever pour choisir d'aller à l'espace culturel après avoir expliqué pourquoi il pense avoir répondu correctement à la consigne (il sait dénombrer jusqu'à cinq, il maîtrise la technique du collage, il n'a plus de place pour coller ses pommes...).

L'adulte échange pour donner du sens aux actions des élèves : le temps passé sur une activité est variable selon les individus, les raisons des réussites sont diverses, les centres d'intérêt ne sont pas identiques... **Le maître ne peut construire des situations optimales d'enseignement que s'il est capable d'ajuster ses gestes à chacun.**

3. Dans les ateliers, la configuration est pensée, maîtrisée par le maître / dans les espaces, les imprévus dominent.

> **Exemple dans les ateliers :** « Pour un atelier de puzzles, le professeur des écoles a installé six chaises autour d'une table ; pour celui de la pâte à modeler, six également, à l'atelier peinture quatre enfants sont prévus, etc. Les élèves sont nommés individuellement ou par groupe pour occuper l'emplacement qui leur est dédié. »

Dans les espaces, comme chacun choisit en fonction de ses besoins, Émilien se retire dans la cabane parce que ses parents lui manquent ; Mathilde modèle l'argile à l'espace motricité fine car Kaïl s'y trouve ; Martin et Titouann réfléchissent, dans l'espace construction, comment construire des ponts pour les voitures ; Marlon, Milo, Anna, Lilou, Sénia expérimentent à l'espace moteur un nouveau matériel ; à l'espace graphique, Ahmed et Lola s'entraînent à tracer des traits les plus droits possible.

L'adulte a une posture d'observation volontaire : en questionnant l'enfant sur ses choix (« Pourquoi penses-tu que tu as fini ? Qu'est-ce qui te plaît dans cette activité ? Qu'est-ce que tu trouves facile ou difficile ?... »), il apprend aussi du cheminement des élèves qui parfois cherchent d'autres voies que les siennes.

Des enseignants plus à l'écoute des besoins de chaque élève

➤ Film 11 – Comment libérer l'enseignant pour qu'il observe sereinement les élèves ?

De ce fait, le professeur d'école ne se trouve jamais dans une posture de surétayage : il n'a pas besoin de faire à la place de l'élève pour avancer plus vite quand la nécessité l'impose. Les adultes ont une plus grande disponibilité pour des interactions avec chaque individu. L'enseignant peut être au plus près de la zone proximale de développement de chacun, tant pour les apprentissages du domaine concerné que pour les apprentissages langagiers et linguistiques.

Des enseignants plus dans l'échange

Film 7 – Comment multiplier les interactions langagières ?

L'atmosphère de la classe est apaisée, élément essentiel pour favoriser les apprentissages et les interactions. En effet, la répartition des élèves sur plusieurs espaces (classe, couloir, dortoir, salle de jeux...) entraîne une baisse du volume sonore, donc un très faible parasitage de la communication, facilitant les échanges et la compréhension mutuelle entre les interlocuteurs : enfant(s)/enfant(s) ; adultes/enfant(s). Ainsi, les reprises à l'ordre de l'enseignant ou de l'ATSEM concernant le bruit ou le comportement sont extrêmement réduites, ce qui permet d'être disponible pour le pilotage de la progression des apprentissages et l'étayage des élèves.

Les situations de communication et les interactions sont variées. Puisque les élèves changent d'activités à leur gré, chacun se retrouve fréquemment avec des camarades différents, en nombre varié, dans des activités diverses. Ainsi, la plupart des paramètres de la communication évoluent en très peu de temps, suivant les déplacements de chaque élève : le locuteur, l'interlocuteur et le nombre d'interlocuteurs, l'objet de l'échange, le lieu de l'échange, l'enjeu de l'interaction... **Cette variété favorise l'adaptabilité de chaque élève à une plus grande diversité de situations de communication, mais aussi le développement de compétences linguistiques**, notamment lexicales (le vocabulaire employé variant suivant les activités).

Des enseignants qui lâchent prise

Film 8 – Comment répondre aux besoins individuels de chaque enfant au sein d'un grand groupe ?

S'autoriser à lâcher prise pour un enseignant est loin d'être évident : la peur de perdre la main, l'autorité ou la gestion du groupe paralyse plus d'un adulte qui passe, du coup, une grande énergie à vouloir maîtriser les événements et surtout le comportement des élèves pour qu'il n'y ait aucun imprévu dans le déroulement de la journée.

Mais le dispositif des espaces ne peut que changer le regard porté sur le groupe classe. En effet, les espaces étant éclatés, cela induit de ne pas pouvoir contrôler en permanence les activités de tous les élèves. Dans les espaces, le « tu » domine et non le « vous collectif ». Il faut gérer vingt-cinq individus et pas une classe. Quand l'enseignant s'adresse à un élève et un seul, il n'y a aucune culpabilité vis-à-vis des autres. L'enseignant est plus serein.

Des enseignants dont les préparations de classe sont allégées

Les apprentissages se faisant sur des temps longs, les espaces doivent rester en place le temps suffisant pour pouvoir être intégrés.

L'enseignant construit :

- **Un tableau générique reprenant l'ensemble des espaces à disposition dans l'école** pour y répartir les activités afin qu'elles soient multiples et variées.

Couloir	Salle de jeu	Dortoir	Classe 1	Classe 2	Arrière-cour
Espace moteur : les trotteurs	Espace sensoriel : bac à semoule	Espace repos	• Espace graphique • Espace sciences	Espace mathématiques	Espace musique : la caisse des instruments
Espace imitation : les voitures	Espace moteur : grimper/glisser	Espace livres	Espace jeux de construction	Espace sciences	Espace extérieur : le jardin potager

- **Des scénarii pour chaque espace :** une fois le scénario écrit, l'enseignant est libéré de la préparation quotidienne de la classe (voir chapitre 3).
- **Une grille d'observation à remplir pour chaque début de période :** le but est d'évaluer, d'une part, l'occupation des espaces pour éviter des lieux en permanence vides de public (auquel cas il s'agit de réorganiser le dispositif) ou au contraire une surfréquentation (multiplier alors les pôles d'attractivité) et, d'autre part, observer les interactions sociales (rééquilibrer si besoin le nombre de fille/garçon...).

Espaces	Combien : fille/garçon	Quelle activité	Présence de l'adulte : oui, non	Qualité des interactions langagières
Moteur	6 garçons, 1 fille (souvent le même groupe de garçons)	• Nombreux interagissements : ils s'interpellent pour imiter les gestes moteurs • Activité motrice intense	non	• Ils demandent de l'aide pour grimper • Ils font des remarques sur leurs exploits
Jeux d'imitation (dînette)	4 filles, 2 garçons	Chacun joue de son côté : vide toute la dînette des meubles, pose tout sur la table, nourrit le bébé, remplit le chariot de fruits et légumes	non	Aucune interaction

Graphique	3 filles, 1 garçon	Apprendre le sens du collage : ils répondent favorablement à la demande de l'adulte	oui	Échanges avec l'adulte : nomment le matériel à l'adulte (spatule, pot...)
Sensoriel (bac à semoule)	4 filles, 4 garçons	• Gestes récurrents : ils remplissent, versent, déversent inlassablement • Réinvestissement des gestes : remplissage jusqu'au trait	oui	• Aucune interaction langagière entre eux • Échanges avec Brigitte : réinvestissement des notions (trop, pas assez) + échanges dans le jeu libre (« Tu veux du café? »)
Jeux de construction (briques géantes)	Personne		non	

Par exemple, dans le tableau ci-dessus, il faut réajuster l'équilibre garçon / fille à l'espace moteur.

Les solutions possibles sont :

- **Diviser un groupe de garçons bruyants :** des camarades se retrouvent entre eux, ils parlent fort, s'interpellent, prennent beaucoup de place de par leurs déplacements incessants... et empêchent ainsi des enfants plus calmes d'oser répondre à une envie ou à un besoin de bouger dans l'espace moteur. L'enseignant peut alors proposer à certains garçons une autre activité : « Venez tous les deux avec moi, je vais vous apprendre à coller. »
- **Inviter certaines filles à fréquenter l'espace :** de temps en temps un adulte se positionne sur l'espace moteur et propose un accompagnement : « Donne-moi la main, je vais t'aider à grimper. » L'intérêt est que cet accompagnement se prolonge par la suite, en interactions (des pairs qui s'entraident, sans la présence de l'enseignant).
- **Initier de nouveaux gestes moteurs pour apprendre comment « prendre de la place »** et ne pas se contenter de rester en périphérie, notamment pour les filles : ramper sous les bancs, sur les bancs, se déplacer à califourchon sur les bancs, se balancer dans la toupie géante... gestes facilement imitables par tous.

D'autre part, la lecture du tableau fait apparaître que l'espace jeux de construction est peu fréquenté. Le professeur des écoles pour y remédier peut :

- **Animer l'espace :** il valorise les découvertes des enfants ou/et propose des pistes d'actions possibles autour du matériel.
- **Ajouter des fiches modèles à reproduire :** les élèves ont un objectif et ne se retrouvent pas démunis devant le jeu.

Du point de vue du fonctionnement de la classe

Film 1 – Comment individualiser le travail de l'élève ?

Ouvrir, modifier, agrandir, multiplier les espaces donne inévitablement à l'ATSEM plus d'autonomie.

Cet agent, généralement spécialiste de la petite enfance, titulaire du CAP Petite Enfance et/ou du concours d'ATSEM est souvent très présent dans la classe et possède une connaissance fine des enfants et des familles, d'ailleurs insuffisamment exploitée par l'équipe enseignante. Il peut et doit être largement impliqué dans le fonctionnement de la classe mais aussi dans la relation aux parents. Il est donc important de donner une véritable valeur à ses interventions et de l'encourager à prendre des initiatives.

Le décret du 28 août 1992 consolidé en 2006 puis en 2010 portant sur le statut des ATSEM précise que « Les ATSEM participent à la communauté éducative ». « Tous les adultes présents à l'école, sous la responsabilité de l'enseignant, créent pour chaque enfant les conditions d'un développement harmonieux, respectueux de ses rythmes de croissance et de sa personnalité. »

Pour cela, Thierry Vasse[1] invite à réfléchir aux obstacles à surmonter :

- **Clarification des rôles et attentes de chacun** au regard des différents partenaires et acteurs de l'école maternelle.
- **Conscience professionnelle à partager :** respect de chacun dans l'intérêt des enfants et reconnaissance des deux fonctions.
- **Communication réciproque.** Chacun doit se sentir autorisé, même si c'est l'enseignant qui donne le cadre.

1. T. Vasse, *ATSEM – enseignants : travailler ensemble*, Éditions Scéren, CRDP Val de Loire, 2008.

- **Prises d'initiatives.** Liberté de choix dans l'exécution, faire confiance mais se ménager des temps de bilan/régulation.
- **Construire la complémentarité,** la connivence à partir d'un référentiel commun, une micro culture commune au sein de la classe.

Ainsi, Thierry Vasse rappelle les trois fonctions de l'ATSEM qui corroborent l'idée que ce dernier est non seulement un membre actif de l'équipe éducative mais surtout que pour grandir, s'épanouir, se construire et apprendre, l'enfant a besoin de sa présence bienveillante au même titre que de celle de l'enseignant :

- **La fonction éducative :** participer au soin et à l'accompagnement des enfants pendant les temps scolaire et périscolaire.
- **La fonction d'entretien du matériel :** remettre en ordre pour permettre à nouveau le désordre !
- **La fonction d'aide pédagogique :** sous la responsabilité de l'enseignant, l'ATSEM apporte une aide pendant les temps pédagogiques.

Du point de vue de la relation aux familles

Film 10 – Comment rendre l'école lisible pour les parents ?

Construire la notion de co-éducation révèle les familles comme co-acteurs des apprentissages de leur enfant. Connaissant les attentes et les contenus de l'école, le parent devient en mesure de les intégrer à son quotidien.

Dans un chapitre du livre *La maternelle, première école, premiers apprentissages*, Agnès Florin (Chroniques sociales, 2009, p. 34) écrit :

> *« Comparées aux mères et aux assistantes maternelles, les éducatrices de crèche et les enseignantes laissent plus de place à l'activité de l'enfant et développent davantage d'interventions d'ordre métacognitif (réflexion sur sa propre action). Ce sont les enseignants-es qui s'ajustent le plus à la tâche et à l'enfant. »*

D'où l'intérêt de ne pas s'inscrire dans le consensuel (parler de la pluie et du beau temps par exemple !) et de motiver les parents à interroger autre chose que ce qu'ils ont l'habitude de questionner. À ce propos, de récentes études ont démontré que l'enfant s'épanouira d'autant plus que ses parents seront partie prenante de l'accueil en structure collective (crèche ou école).

C'est ainsi que l'espace parent prend toute sa signification : **ouvrir l'école aux parents pour leur donner une place qui les aide à mieux comprendre ce qui se passe dans le milieu scolaire.**

Cette place se matérialisera comme il est décrit plus loin par l'installation d'un « vestibule des parents ». Cet espace, à l'image du vestibule des villas romaines, permet aux parents d'être accueillis tout en étant « autorisés » à ne voir que ce que le maître et les enfants veulent bien leur montrer. C'est un espace d'accueil, chaleureux et riche qui permet aux parents de voir, de comprendre sans être intrusifs. L'enseignant rend lisible ses pratiques pour que les parents cheminent en confiance vers leur rôle de parent d'élève.

Du point de vue de l'ensemble de l'équipe pédagogique

Il est évident qu'engager une telle réflexion seul pour sa propre classe se révèle être limité. La question de la mutualisation se pose en plusieurs termes :

- Mutualiser les espaces autorise les élèves des autres classes à utiliser un même lieu.
- Mutualiser donne de plus grandes possibilités d'actions pour les enfants.
- Mutualiser favorise un accompagnement maximal des individus sur le chemin de l'autonomie.
- Mutualiser engendre un parcours sans rupture pour chacun.

Témoignage :

J'exerce dans une école rurale, primaire. Nous sommes deux collègues à nous partager les enfants inscrits en école maternelle. Nous avons décidé en fin d'année dernière de tenter « l'aventure des espaces ». Nous avons alors fait le choix de la mutualisation totale : tous nos élèves de la toute petite à la grande section sont réunis et se voient mettre à leur disposition, pendant une heure trente le matin, l'ensemble des activités. Elles sont évidemment nombreuses pour ne frustrer personne et restent en place sur l'ensemble de la période. Ces activités se répartissent dans l'ensemble des espaces à notre disposition sur l'école : nos deux salles de classe, la salle de motricité, le dortoir (les lits sont empilables) et même le couloir. Les adultes présents se répartissent dans ces salles pour assurer la sécurité des élèves bien sûr mais aussi pour accompagner les apprentissages.

Frédéric

Un espace, des espaces adaptés aux besoins des enfants

Concevoir l'espace

Que ce soit en qualité de pédiatre, d'architecte ou d'enseignant, l'espace se pense par une entrée professionnelle spécifique. Par la combinaison de ces différents regards, la conception des espaces sera plus aisée et mieux adaptée à tous.

• Madame Davis Bergès est médecin. Lors d'une intervention auprès des enseignants et des ATSEM à Carcassonne en 2011, elle alertait sur les points suivants :

« L'accueil est un ensemble de conditions à réunir autour de l'enfant afin de garantir la sécurité, la santé, le développement et l'épanouissement de chacun. La place des parents doit être une composante *sine qua non* de cet accueil, sans quoi il ne pourra pas fonctionner.

L'enfant a besoin de temps pour lui, d'interactions avec l'adulte dans une relation duelle aimante. Ainsi il va finir le développement de son cerveau et la connexion entre les deux hémisphères pour pouvoir rentrer ensuite dans les apprentissages.

L'accompagner sur le chemin de l'autonomie tout en le protégeant, l'aider à grandir en tant qu'individu à part entière tout en lui inculquant des bases solides est le rôle principalement des parents mais aussi des éducateurs et des enseignants.

L'aménagement physique doit être adapté aux besoins de chacun dans tous les moments de la vie et notamment lors de l'accès au sommeil et pendant le temps de relaxation. Il doit laisser une vraie place aux parents et évoluer en fonction du groupe et du projet. »

L'essentiel : un aménagement de l'espace « sécure » permet à l'enfant de mieux grandir.

• Monsieur Alain Bayle est architecte. Lors d'une table ronde ayant pour sujet « L'enfant et l'aménagement de l'espace », il explique :

« En architecture, l'espace est d'abord fonction, il n'a de raison d'être que s'il est fonction.

Dites-moi ce que vous voulez y faire, dites-moi si vous allez y travailler, y dormir, y chanter, y courir et nous imaginerons le lieu.

Un théâtre n'est pas un salon, une mairie n'est pas un musée, une école n'est pas une usine. Et pourtant tout n'est que parrallélépipèdes. Et cependant, depuis 30 ans, à chaque fois que j'interroge les enseignants sur leur besoins ou priorités, ils me demandent toujours de construire les mêmes écoles ! L'espace scolaire se limite à des fonctions d'utilité, des critères de capacité et de sécurité.

Autant les autres partenaires (mairie, CAUE...) nous demandent à nous architectes d'être innovants sur la gestion de l'énergie, de l'eau, le confort acoustique entre autres et nous conduisent en conséquence à une réflexion pour être le plus performants possible sur ces dimensions « d'éco-gestion » et de confort, autant si nous ne « bousculons » pas les conceptions traditionnelles des enseignants sur l'espace scolaire, nous finissons toujours par leur proposer des aménagements d'espaces fonctionnels et identiques depuis des décennies !

Alors, parlez-moi plutôt de vos besoins en lumière, en chaleur, en ambiance, en surface. **Parlez-moi de l'espace comme participant à la pédagogie. Il doit contribuer à la réussite de chaque enfant** et, en cela, doit être pensé comme vaste, lumineux, transparent, modulable, avec des salles comme des lieux flexibles qui permettent la variété des situations d'apprentissage.

L'architecture sera alors la traduction physique de vos besoins de fonctionnement.

Plus un complément d'âme pour y vivre bien. Et c'est le seul talent de l'architecte. Tout le reste viendra de vous. »

L'essentiel : la réflexion de l'enseignant dans l'aménagement de l'espace doit permettre de rendre les espaces stimulants et dynamiques et aiguiser ainsi la curiosité des élèves. Sortons des schémas classiques, rendons nos espaces modulables et modernes, à l'image de la pédagogie mise en œuvre et surtout en adéquation avec les besoins des enfants !

• Madame Vanessa Dezerable est directrice d'école maternelle et propose sa réflexion autour de la conception des espaces :

« Quand les enseignants visitent notre établissement, ils font la remarque récurrente : “mais nous, on n'a pas tout cet espace de libre dans notre école !” Il est vrai que les conditions matérielles sont inégales d'une commune à une autre mais, quoi qu'il en soit, il faut amorcer la réflexion de l'aménagement des espaces par la question première du recensement. »

Ainsi, avant d'anticiper d'éventuels achats ou (solution plus coûteuse) suggérer à la mairie un agrandissement des lieux, il est nécessaire de recenser :

- **le matériel dont dispose l'école** pour trouver des modes d'utilisation pratiques : qu'est-ce qui peut servir de cloisons, d'espace de repli, de présentoir pour le menu du jour ?
- **les différents espaces à disposition** pour en faire évoluer les fonctions : un couloir, est-ce seulement un lieu de dégagement ? Un dortoir, est-ce seulement un lieu pour faire la sieste ? Une salle de jeu sert-elle uniquement pour pratiquer des activités physiques ?

Puis, il faut penser à l'équilibre des différentes fonctionnalités pour éviter de :

- **cumuler des nuisances sonores** (par exemple l'espace moteur juxtaposé à l'espace voitures, les bruits en seront forcément amplifiés) ;
- **interférer sur certains besoins** (l'espace repli sur soi juxtaposé à l'espace bricolage, le bruit gênant ainsi le repos) ;
- **déséquilibrer la répartition du groupe classe** (rassembler tous les pôles d'attractivité dans un même lieu : dînette, voiture, semoule... au risque de voir la majorité des enfants s'y concentrer) ;

Il faut éviter les cloisonnements trop hauts ne permettant pas de garder le regard de l'adulte.

Enfin, il faut **être vigilant à « ouvrir l'espace »**. En effet, l'espace, les espaces vont de pair avec le mouvement, les déplacements. Il faut donc prévoir de :

- supprimer des tables, des chaises, des bancs pour une circulation fluide ;
- ajouter des tapis pour les espaces bricolage, construction, puzzles, livres, marionnettes... (les enfants se mettent spontanément au sol pour jouer) ;
- faire évoluer les espaces : certains diminuent (l'espace de repli), d'autres se créent (ajout d'un espace culturel)... les espaces ne sont pas figés ;
- mutualiser les espaces au sein de l'école : si, par exemple, après inventaire, l'équipe enseignante s'aperçoit qu'elle ne peut équiper correctement qu'un seul espace cuisine pour l'ensemble de l'école et si elle n'a pas la possibilité matérielle par ailleurs de l'installer dans un lieu commun (une partie d'un hall, la salle de jeu...), elle peut faire alors le choix de l'intégrer pour une période sur une classe et le proposer à un autre collègue en cours d'année. Pour ne pas faire disparaître trop rapidement un espace comme celui-ci ayant

un fort pouvoir attractif, il faut proposer des solutions de repli : inviter les enfants à se déplacer dans la classe qui accueille les jeux ou doter l'espace qui s'est vidé d'un matériel qui permet de faire évoluer les scénarii (assiettes en carton, couverts en plastique, emballages de produits alimentaires, tapis pour organiser des pique-niques en compagnie des poupées !).

Film 5 – Comment amener l'enfant à dépasser ce qu'il sait déjà faire ?

Il est également indispensable de **prendre en compte les ressources humaines** en gardant en tête que multiplier les espaces accroît aussi les possibilités de places des différents adultes. De ce fait, l'ATSEM se voit accorder plus de marge de manœuvre, plus de liberté.

Par exemple : l'ATSEM qui a en charge l'espace graphique n'a plus d'élève ; elle prend l'initiative de se lever et de choisir un enfant de la classe sans attendre l'aval de l'enseignant.

D'où l'intérêt d'avoir réfléchi au préalable au rôle et à la place accordés aux différents adultes.

Ci-dessous une grille d'analyse permet de se poser des questions pertinentes pour des recensements efficaces.

Question	Explication	Solution
Quel est le nombre de tables et de chaises dans ma classe ?	Il n'y a pas de nécessité à ce que chaque élève dispose d'une place attitrée ni même qu'il y ait une place assise pour chaque élève.	Deux espaces disposant de quatre à six places assises sont largement suffisants pour une classe.
Y a-t-il des tapis dans ma classe ?	Les enfants aiment être au sol ; c'est confortable et adapté à leurs besoins.	Disposer d'un maximum de tapis pour permettre les activités au sol.
De quels jeux puis-je disposer ? – En alternance ? – En permanence ?	La présentation des mêmes jeux tout au long de l'année peut être lassante pour les enfants.	La notion de mutualisation est à développer au maximum.
De quel gros matériel puis-je disposer ?	L'espace « moteur » des Petites Sections doit pouvoir être alimenté de gros matériel.	Avant de procéder à des achats, une réflexion collective est nécessaire.
Ai-je un couloir à disposition ?	C'est un espace supplémentaire à exploiter !	Il peut aisément être utilisé pour agrandir, par exemple, l'espace « petites voitures » ou pour devenir le « vestibule des parents ». Dans ce cas, il faut le matérialiser pour l'identifier.

Ma classe jouxte-t-elle une autre pièce ? la salle de jeux ? le dortoir ? la BCD ? une autre classe ?	La mise en œuvre des « espaces » demande de la place !	Le fait d'établir un plan de l'école pour identifier la distribution des pièces aide à la réflexion sur de nouvelles fonctions pour les espaces existants. Il ne faut pas oublier de mentionner le moment d'occupation choisi pour chaque collègue.
Quels sont les surfaces de murs exploitables ?	L'affichage des productions des élèves, des référents, des photos... doit être facilitée. L'installation, sur un mur, d'une piste graphique, de par sa dimension et sa verticalité, est judicieuse.	Des chevalets mobiles pour présenter la production du jour, des petites tables pour poser cahiers et classeurs à consulter sont de bonnes solutions alternatives. Pour les supports graphiques, le maître punaise de grandes feuilles au dos d'un meuble. La piste graphique peut être éloignée de la classe : un mur de la salle de jeux ou du dortoir fait l'affaire.
Ai-je un point d'eau dans la classe ?	D'une part, il faut souvent rappeler à un enfant de boire dans la journée. D'autre part, pour les activités artistiques, le point d'eau est indispensable.	• Prévoir de petites bouteilles d'eau (une par enfant) remplies quotidiennement avec le nom de l'enfant inscrit dessus. Elles sont à disposition des élèves. • Pour se nettoyer les mains, un seau d'eau dépanne parfaitement.
De quels jeux symboliques puis-je disposer ?	Mieux vaut un espace dînette complet sur une seule période que cinq espaces dînette incomplets toute l'année !	Faire un inventaire de tous les jeux présents dans l'établissement. Si la quantité, ou la qualité, n'est pas suffisante, faire appel à la générosité des parents.
Ai-je un meuble de rangement avec un casier par élève pour le vestibule ?	Cet élément de mobilier est incontournable pour personnaliser l'accueil de chaque enfant.	Si aucun meuble ne convient, de simples « bannettes » empilées sont très pratiques.
L'ATSEM de la classe est-elle disposée à faire évoluer sa pratique ?	La présence active de l'ensemble des adultes est essentielle à la réussite du dispositif.	Il est nécessaire d'associer l'ATSEM au projet et d'identifier, lors de discussions, les éventuels points de blocage (par exemple, lui proposer une chaise adaptée pour jouer avec les enfants à la dînette ou pour lui éviter d'avoir à s'asseoir au sol sur le tapis).

L'essentiel : aménager l'espace scolaire s'anticipe, se pense, se prépare, se discute, se construit petit à petit, en lien avec toute la communauté éducative.

Qualifier l'espace

Il s'agit de définir précisément quels sont les espaces qui doivent compter dans une classe ainsi que leur usage.

L'espace classe doit être vaste

Il faut ôter tout élément qui encombre inutilement, surtout en début d'année. **Permettre la circulation des élèves est essentiel.** Le maître supprime des tables, des chaises qui sont toujours en surnombre dans les salles (parfois une pour chaque enfant), y compris en petite section. Il est évident que ce type de choix d'aménagement ne correspond en aucun cas aux besoins primaires des jeunes enfants, dont celui de pouvoir se mouvoir aisément. Seuls quelques espaces nécessitent tables et chaises pour la réalisation de l'activité. Il faut penser à faire travailler les enfants au sol, sur des tapis par exemple. Certaines activités, comme les jeux de construction, sont parfaitement adaptées à un travail au sol dans le couloir ou la salle de repos.

L'espace classe doit être différencié

Dans une classe aménagée par espaces, il sera nécessaire d'être vigilant à bien **identifier chaque zone pour tous les utilisateurs** (enseignant, élèves, ATSEM, AVSi...). En effet, les choix faits par l'enseignant doivent être clairs. Chaque zone est destinée à un usage identifié. Cet usage peut être de plusieurs ordres :

- ✓ Ludique : une zone pour jouer librement, un espace de jeux.
- ✓ Expressif : une zone pour l'échange, la communication, le langage. Un espace marionnettes par exemple.
- ✓ Scriptural : une zone pour utiliser des outils scripteurs, pour produire de l'écrit ou des signes graphiques.
- ✓ Moteur : une zone où le corps sera l'objet d'expérimentations, une zone qui permettra, si le besoin de mouvement est trop important, de venir l'exercer pour mieux ensuite entrer dans les apprentissages.

✓ Cognitif : une zone où l'élève sait qu'il apprend de manière formelle et formalisée.

✓ Sensoriel : une zone pour exercer les capacités sensorielles ; un bac à semoule, par exemple, où l'enfant explorera les transvasements.

✓ De repos : une zone « refuge » pour pouvoir se reposer, s'isoler du groupe quand le besoin est là.

✓ Culturel : une zone pour s'ouvrir au monde, pour réaliser des découvertes.

L'espace classe doit être délimité

Dans la mesure où les zones installées dans la classe sont reconnues par leur usage, **il est impératif qu'elles soient également délimitées dans l'espace.** La délimitation par cloisonnement facilitera leur repérage et leur identification. Pour les marquer visiblement, des meubles de rangement, des petites cloisons du commerce ou encore des étagères basses sont très adaptés. Créer de véritables espaces avec une porte d'entrée et une circulation codifiée, voire l'accès à un nombre limité de personnes est même, selon les configurations du lieu, envisageable. Alain Legendre[1] préconise d'ailleurs que ce cloisonnement des espaces soit à hauteur maximum des yeux des enfants pour voir et être vu.

L'espace classe doit être évolutif

L'organisation se modifie en fonction des besoins des élèves et de l'évolution de leurs capacités (apprentissages) sur le cycle et sur l'année.

Entre le début et la fin de l'année, en Grande Section par exemple, l'espace évolue : la zone classe s'apparente de plus en plus à la classe de CP et permet de développer une première posture d'écrivain, par exemple.[2]

1. A. Legendre, *Enjeux environnementaux et urbains : Contribution de la psychologie environnementale*, Éditions Érès, 2005.

2. *Groupe de réflexion maternelle du Gard, 201,* Richard Talagrand et Françoise Maurin, concepteurs des plans d'aménagement des classes de GS.

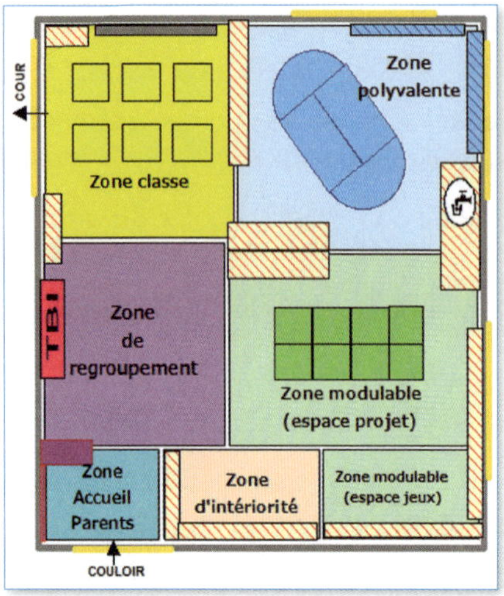

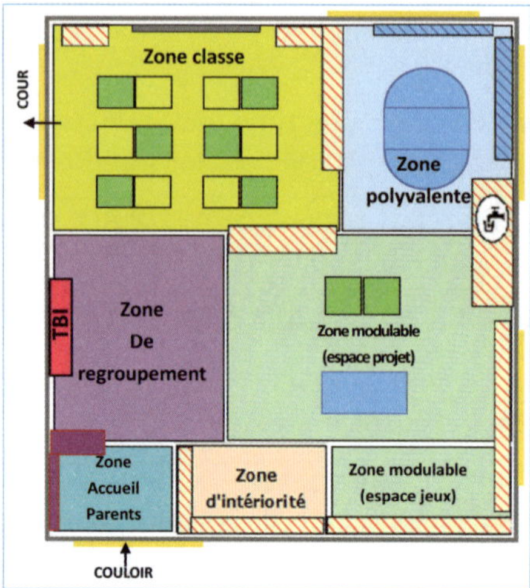

Il est important de préciser que ces espaces seront **construits** et **installés** avec les élèves pour qu'ils se les approprient le plus facilement possible.

L'espace classe doit être adapté

L'aménagement de la classe répondra aux caractéristiques de la population scolaire et s'adaptera aux composantes de l'espace proche de l'école. Ainsi, il sera pensé en équipe de cycle et devra être intégré au projet d'école. Il se conformera également à l'âge des enfants. Les besoins d'un enfant de toute petite section ne sont en effet pas les mêmes que ceux d'un enfant de cinq ans. Ainsi, par exemple, pour les enfants les plus jeunes, l'adulte mettra davantage l'accent sur l'organisation du vestibule des parents alors qu'il privilégiera un espace « écriture » pour les plus âgés. De même, l'espace « moteur » ne trouvera pas sa place au sein de la classe des grands alors qu'il est indispensable pour les plus petits.

> Il semble utile de rappeler que la première finalité d'un aménagement bien conçu est de favoriser en permanence la réponse aux besoins des enfants, et ces besoins sont variés et évolutifs justifiant que la classe soit différente selon les sections et modifiée au fil de l'année. (Rapport IGEN 2011)

Après avoir identifié différents espaces à mettre en œuvre, la partie suivante répond à des questions plus pratiques.

Définir les espaces

Toutes les descriptions qui suivent ont valeur de fil rouge, de repères pour l'enseignant : il garde ainsi toujours en mémoire la spécificité de chaque espace et sa raison d'être. Mais il lui appartient, bien évidemment, d'adapter ce qui est proposé en fonction du niveau des élèves, du matériel et des locaux dont il dispose.

Les interrogations porteront sur le :

- **« Pourquoi ? » :** Quel intérêt de cet aménagement pour le fonctionnement de la classe ?
- **« Quoi ? » :** Quels contenus matériels et cognitifs présente-t-il ?
- **« Comment ? » :** Quel usage en faire ?

Le vestibule des parents

1. Pourquoi ?

• Accueillir les parents dans l'école, les aider à se familiariser avec son fonctionnement.

• Poser la relation aux familles sur le mode de la confiance et de la collaboration, partager, entendre, être à l'écoute.

• Encourager les parents à construire un contact avec la classe et l'enseignant ; pouvoir partager des expériences heureuses liées à la scolarité de leur enfant. Pour accompagner dans le « devenir parent d'élève », il faut parler de l'école et de son fonctionnement dans un lieu pensé à cet effet. L'enseignant doit trouver des solutions pour que les parents partagent des moments de classe sans que cela n'en perturbe le déroulement. Le sas en est une.

• Comme tous les espaces, il est évolutif dans le cycle.

2. Quoi ?

• **Le menu du jour :** mise en valeur d'une activité menée dans la journée. Donner à voir tous les domaines d'apprentissage : le langage, le rôle du jeu, les activités artistiques et physiques, l'exploration du vivant, de la matière et des objets…

• **Un casier pour ranger les travaux individuels des élèves :** il donne la possibilité d'échanger entre adultes autour des

Sur la porte de la classe, le menu du jour.

apprentissages et des progrès mais il peut également accueillir les objets personnels de l'enfant (essentiels en TPS et PS : doudou, sucette, photos de la famille...).

• **Un affichage plus institutionnel mais propre à la classe :**
– l'emploi du temps, évolutif sur l'année ;
– le calendrier des anniversaires ;
– le projet de la classe.

• **Le cahier de vie collectif** s'il existe ou tout autre outil mettant en valeur des temps de vie de classe partagés ensemble.

• **Des affichages évolutifs liés aux projets** préparés avec les enfants (chaque enfant doit y avoir une place).

• **Un espace TIC vidéo, ordinateur, TBI, tablette, cadre photo numérique** pour montrer de façon rapide mais régulière des enfants en activité sur du temps de classe.

Ne pas oublier les outils utiles aux temps périscolaire : un tableau pour les inscriptions à la cantine, la garderie.

3. Comment ?

L'espace est accessible aux familles chaque matin au moment de l'accueil des élèves, en fin de journée ou sur des temps programmés dans l'emploi du temps. Enseignant/parents échangent autour des réalisations scolaires de l'enfant ou à partir d'activités non visibles sur le temps de classe.

L'élève partage sa production avec l'enseignante et sa maman.

Dans le vestibule, un élève partage un diaporama photos avec sa maman.

Les élèves, aidés par le maître, participent à son élaboration sur des temps spécifiques de langage de communication. L'école maternelle se doit de multiplier les conversations entre pairs mais également adulte/enfant sans oublier parent/enfant.

Les chaises attendent les parents pour une rencontre informelle sur une question éducative (l'alimentation, la propreté, etc.).

4. Ce qu'il n'est pas !

L'affichage institutionnel général de l'école (le projet d'école, les consignes de sécurité, les dates des conseils d'école ...) s'adresse à tous les parents de l'école et trouve sa place ailleurs que dans le vestibule.

➤ Film 10 – Comment rendre l'école lisible pour les parents ?

L'espace « repli sur soi »

1. Pourquoi ?

• **Pour s'isoler de ses pairs :** le besoin de quitter le groupe est pour certains enfants essentiel. Ils s'éloignent du collectif dans un isolement sécurisé tout en restant sous le regard de l'adulte.

• **Pour se ressourcer,** mieux gérer les contraintes de la vie collective.

• **Pour se reposer :** il s'agit de moments de repos très courts mais parfois nécessaires dans la journée. Le lieu est confortable, rassurant, intime.

2. Quoi ?

• Pour que l'espace soit le plus attirant possible, l'achat d'un matériel de bonne qualité est indispensable : coussins (pas trop mous), matelas mousse, banquette, revêtement spécifique pour le sol, objets permettant de rabaisser la hauteur de plafond (toile tendue par exemple).

• Les jeunes enfants peuvent retrouver sucette, objet transitionnel... Les albums de famille pour gommer l'absence sont les bienvenus.

En résumé, un espace confortable, rassurant, bien délimité.

L'espace permet de s'allonger, avec son doudou.

Coussins, grosses peluches, canapés, etc. permettent de créer un lieu rassurant.

3. Comment ?

• Cet espace se situera éloigné des passages fréquents et isolé de bruits parasites engendrés par des activités du type « dînette, garage… ».

• Il est en libre accès, l'élève doit pouvoir s'y rendre selon ses besoins.

• Ce lieu doit permettre de continuer à voir ce qui se passe en classe pour pouvoir regagner le groupe et réintégrer facilement les activités en cours.

Des voiles tendus constituent un espace refuge.

Un petit fauteuil permet un temps de partage autour des livres.

• S'il a tendance à disparaître au cours du cycle, un lieu répondant aux besoins spécifiques ponctuels de chacun doit être pensé aussi pour les plus âgés.

• Il est parfois utile pour favoriser des temps de langage plus intime entre l'enseignant et l'enfant.

4. Ce qu'il n'est pas !

• L'espace regroupement, le dortoir, un lieu pour se cacher à plusieurs…

• Un lieu d'isolement pour une sanction.

L'espace moteur

1. Pourquoi ?

Il répond à un véritable besoin physiologique : le jeune enfant se caractérise par une attention fugace, le besoin d'activités à renouveler souvent et d'activités motrices pour dépenser son énergie. Ces « pauses actives » sont des moments nécessaires pour aider à assumer ceux plus sédentaires. Elles permettent aussi de vivre le plus possible des expériences motrices.

- **Pour stimuler sa curiosité.**

La classe des tout-petits et petits a une spécificité propre (transporter, déménager...) dont il faut tenir compte.

- **Pour permettre des découvertes multiples, explorer, se déplacer.**

Une bonne organisation des espaces de la classe entraîne une exploration raisonnée et facilite les jeux, l'exploration mais aussi la simple déambulation et les expériences sensorielles, motrices en toute sécurité.

- **Pour satisfaire le besoin de jouer.**

Permettre à l'enfant de jouer pour acquérir des conduites motrices, intégrer des notions, développer des stratégies, expérimenter, instaurer des rapports sociaux.

- **Pour entrer en relation avec les autres : coopération, aide à la socialisation.**

Jouer à côté des autres, en parallèle puis ensemble donne des occasions de rencontrer ses pairs, de communiquer. Le recours aux échanges verbaux va prendre tout son sens.

- **Pour apprendre les règles communes dans le respect des autres.**

Permettre des relations fortuites ou choisies, développer de nouvelles habiletés : partager les espaces communs, le matériel, échanger, se constituer membre d'un groupe. Affiner l'habileté motrice, construire la latéralité, mieux se situer dans l'espace et dans le temps.

La présence de l'adulte est parfois essentielle.

Réinvestir des conduites motrices comme grimper, passer dessus, dessous, ramper...

Construire un parcours puis l'expérimenter !

2. Quoi ?

• Des objets et des espaces permettant l'engagement autonome des enfants dans le jeu, l'expérimentation et l'exploration des lieux.

Une structure extérieure peut trouver sa place en classe si on libère de l'espace à son profit !

Les gros jeux de construction ont toute leur place dans l'espace moteur.

→ En TPS et PS, l'espace est vaste, avec une large place accordée à la pratique de la marche et à l'aisance du corps : il permet d'agir sur l'objet en jouant avec la vitesse de manipulation, la trajectoire fortuite ou décidée, les obstacles rencontrés ou choisis, dans des moments où la sollicitation de l'adulte est moins forte.

• Des objets pour déambuler, traîner, rouler, transporter.

• Des objets pour permettre de développer toutes les compétences motrices utiles avant de passer au cognitif.

Dans les classes de MS et GS, créer des espaces permanents permettant l'exploration des objets ; intégrer que ces espaces peuvent être variables et avec des superficies régulièrement renouvelées, en lien avec les domaines de la découverte du monde, la technologie.

3. Comment ?

Ces espaces de la classe ou des annexes proches (couloir, salle de repos, toilettes...) doivent être modulés en fonction de l'âge des enfants :

Alain Houchot[3] définit ainsi les classes par niveaux :

• **TPS – PS :** Lieu de vie et appropriation d'un espace collectif.

• **MS :** Lieu d'expérimentation et de découverte.

• **GS :** Lieu de transition vers des apprentissages plus fondamentaux mais préservant le besoin de jouer, de s'exprimer et de créer.

L'espace moteur doit être d'extension modulable, avec des ressources variées selon les sections et progressives sur l'année scolaire.

3. A. Houchot, *Concevoir et construire une école primaire,* Éditions Le moniteur, 2013.

Ne pas oublier les espaces extérieurs comme la cour de récréation ou le jardin annexe de la classe.

Les plus jeunes ont besoin de temps avant d'aller conquérir des espaces nouveaux. Il est possible de permettre cet aménagement dans la classe autant de temps que nécessaire.

4. Ce qu'il n'est pas !

- Un espace de « délestage » dans lequel il est permis de faire du « bruit ».
- Il est différent de la salle de motricité et de la cour de récréation.

L'espace jeux symboliques

1. Pourquoi ?

« Le jeu, c'est le travail de l'enfant, c'est son métier, c'est sa vie. L'enfant qui joue à l'école maternelle s'initie à la vie scolaire, et l'on oserait dire qu'il n'apprend rien en jouant ? »[4] L'espace jeu doit être considéré comme un véritable espace qui alimente tous les domaines d'apprentissage.

Les **espaces-jeux** de la petite à la grande section doivent, au même titre que les autres espaces d'activité, rester présents dans l'aménagement de la classe.

« Le jeu favorise la richesse des expériences vécues par les enfants dans l'ensemble des classes de l'école maternelle et alimente tous les domaines d'apprentissage. Il permet aux enfants d'exercer leur autonomie, d'agir sur le réel, de construire des fictions et de développer leur imaginaire, d'exercer des conduites motrices, d'expérimenter des règles et des rôles sociaux variés. Il favorise la communication avec les autres et la construction de liens forts d'amitié. Il revêt diverses formes : jeux symboliques, jeux d'exploration, jeux de construction et de manipulation, jeux collectifs et jeux de société, jeux fabriqués et inventés, etc. L'enseignant donne à tous les enfants un temps suffisant pour déployer leur activité de jeu. Il les observe dans leur jeu libre afin de mieux les connaître. Il propose aussi des jeux structurés visant explicitement des apprentissages spécifiques. »[5]

Un espace qui permet à l'enfant d'exercer son activité dans la durée.

- Pour favoriser son autonomie.
- Pour agir sur le réel.
- Pour donner à jouer : les aménagements sont pensés, répondent aux besoins des enfants et à leurs intérêts, et évoluent dans le temps.

---

4. Pauline Kergomard, 1882.
5. Nouveaux programmes pour l'école maternelle, BO spécial n° 2 du 26 mars 2015.

• Pour laisser jouer : l'enfant doit avoir l'initiative du jeu, la liberté et le temps nécessaire pour exercer son imagination, sa créativité.

• Pour jouer avec : si l'enfant sollicite l'adulte, celui-ci doit se rendre disponible pour être partenaire à niveau égal, sans bouleverser le sens du jeu de l'enfant.

• Pour construire des fictions, développer l'imaginaire.

• Pour apprendre : les objets choisis par l'enseignant avec des intentions didactiques ciblées permettront divers apprentissages.

• Pour s'approprier le langage.

• Pour devenir élève.

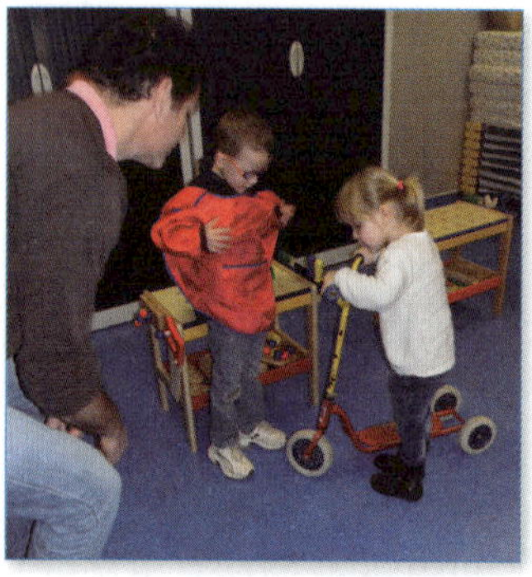

Le jeu du garagiste :
ma trottinette est en panne !

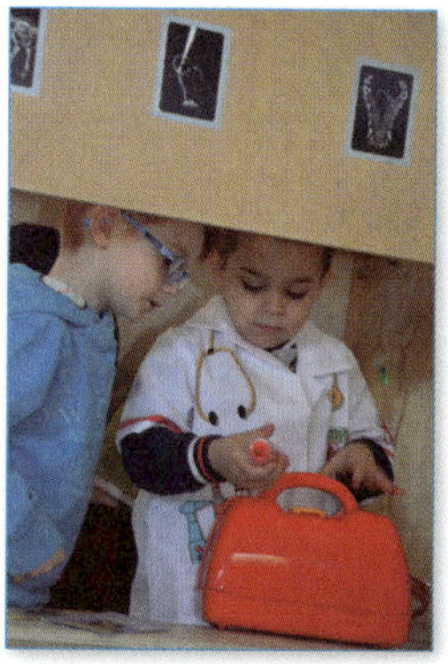

Chez le vétérinaire.

2. Quoi ?

Tous les possibles existent :

• Jeux symboliques : déguisements, cuisine, chambre, voitures, poupons, épicerie, cabinet médical, coiffure... ;

Allô docteur ?

Un espace marchande de fruits et légumes
et dînette.

• Jeux de construction ;

• Jeux de manipulation ;

• Jeux d'univers spécifiques : zoo, ferme, château... ;

• Jeux collectifs ;

- Jeux de société ;
- Jeux fabriqués avec les enfants à partir d'un projet ;
- Jeux structurés visant des apprentissages spécifiques (castelet, marionnettes, déguisement...).

3. Comment ?

L'enseignant veille à proposer **une diversification des jeux** au sein de chaque espace, à assurer une progressivité et des objectifs bien définis.

Par exemple, espace déguisement :

- à 2/3 ans, les enfants jouent surtout avec des accessoires ;
- pour les 4/5 ans, l'adulte privilégie les éléments thématiques ;
- à 5/6 ans, les élèves aiment se fabriquer un costume.

Les espaces jeux seront régulièrement renouvelés selon les projets de la classe afin de pouvoir répondre à des objectifs plus ciblés en fonction de l'âge des enfants, dans le respect de l'égalité filles-garçons et pour des raisons évidentes liées à l'espace.

La diversité des jeux permet à l'enseignant d'observer les enfants dans des situations variées.

Ces espaces doivent être discutés en conseils de maîtres de cycle : ainsi, ils peuvent s'échanger au sein même des classes pour engendrer plus de richesse et des ruptures nécessaires.

Le matériel doit être propre, en bon état avec une réelle cohérence dans le choix des objets.

Enfin l'enseignant doit y être présent régulièrement comme dans tout autre espace, pour jouer avec eux, pour initier des compétences, pour observer et donc évaluer.

4. Ce qu'il n'est pas !

Pour éviter d'entendre dire : « Tu pourras aller jouer quand tu auras fini » en prétextant que le temps du jeu suit le temps du travail, comme une récompense ou comme un « bouche-trou ».

L'espace graphisme / écriture

1. Pourquoi ?

- Pour donner toute sa place dans l'emploi du temps à ce domaine d'apprentissage.
- Pour donner un espace permanent afin de valoriser les premiers tracés et d'encourager les essais d'écriture.

• Pour que l'enfant prenne conscience de sa capacité à influencer et à contrôler sa trace, en cherchant à coordonner et à ajuster ses gestes.
• Pour percevoir et vérifier les effets de son geste sur les tracés.
• Pour acquérir le plaisir d'apprendre.
• Pour entrer dans l'univers de l'écrit :
  – permettre de concevoir, de reproduire, de multiplier les écrits ;
  – inviter les élèves à se confronter, à s'exercer à l'écrit ;
  – introduire de façon réfléchie des supports, différents outils selon la progression ;
  – proposer des amorces incitatrices.
• Pour permettre de s'exercer à la graphie manuscrite.
• Pour aller au-delà du geste vers l'acquisition de la capacité à produire un message construit et compréhensible par un tiers absent.
• Pour favoriser la communication à distance.

2. Quoi ?

Matériel support de l'activité : tableau noir – tableau blanc – paper-board – piste graphique (support horizontal, vertical, incliné) – TBI – tables individuelles.

Une piste graphique verticale « ronds ».

Une piste graphique horizontale.

Matériel de rangement : meuble à casiers individuels pour les travaux personnels des élèves ou étagères : classeurs, dossiers, cahiers – chariot mobile avec outils scripteurs.

Supports : feuilles de différents formats ; de papier uni, réglé – carnets – cahiers – ardoises…

Scripteurs et divers médium : crayons, stylos, feutres – colle, ciseaux, taille-crayons, gomme – règles, normographes – cartes lettres – matériel d'imprimerie (type Lego, ou casiers à vis de bricolage avec lettres papier ou gommettes) – tampons et/ou pochoirs lettres chiffres – ordinateurs et logiciels – tablettes numériques – jeux de lettres ou de chiffres magnétiques…

Découpages, collages, assemblages.

Une piste graphique numérique.

Référents : modèles d'écriture – abécédaires – répertoire graphique – capital mots (pour lire et écrire) – imagiers – dictionnaires de classe – écrits produits par la classe…

Remarques :

• Réaliser un recueil des premiers essais d'écriture de cycle, afin que l'enfant puisse mesurer ses acquis avant l'entrée au CP.

• Utiliser une communication internet maîtrisée pour des recherches ciblées avec l'enseignant.

3. Comment ?

En préambule, il est important de respecter le développement de l'enfant qui doit maîtriser avant tout le geste de l'épaule, puis du coude, du poignet et enfin le geste abouti de la tenue de l'outil avec l'extrémité des doigts.

Celle-ci d'abord maladroite, souvent à pleine main avec des gestes amples, va évoluer peu à peu vers une mobilisation des segments les plus utiles du bras qui permettent la maîtrise du poignet puis des doigts qui vont manipuler plus finement les outils les plus courants.

Bien différencier les activités graphiques des activités d'écriture qui sont centrées sur le langage.

Les marques distinctes de l'écrit abordables dès la première année de cycle 1 doivent être clairement définies pour prévenir les dérives d'un apprentissage graphique qui ne serait pas signifiant pour les élèves. C'est en écrivant devant les enfants et pour eux, c'est en apprenant à écrire très tôt que l'enseignant facilite à tous un apprentissage du lire. C'est dans un contexte proche, par un projet collectif ou une personnalisation de la tâche, que s'obtient la signifiance.

Organiser l'espace et son évolution :

• Utiliser des espaces graphiques en adéquation avec les compétences des enfants (TPS et PS : favoriser les chevalets et différentes pistes graphiques).

L'espace de la classe aura été aménagé dans le but de solliciter l'intérêt des enfants et pour leur permettre de retrouver des jeux familiers au travers d'activités attrayantes :

- sur chevalets portant de grandes feuilles de papier avec mise à disposition de gros pastels ;
- sur tableau noir avec des craies de toutes les couleurs et des éponges humides pour effacer ;
- sur tableau blanc avec des feutres de toutes les couleurs et un tampon sec pour effacer.

Il est conseillé de privilégier un espace d'activité non dirigée permettant une utilisation de façon autonome, ce qui suppose :

- une proximité du matériel et des repères avec la zone d'activité elle-même ;
- une clarification de la fonction de cet espace ;
- une claire identification de ses règles de fonctionnement.

• De la MS à la GS, prévoir du mobilier modulable dont la capacité d'accueil pourra augmenter au fil de l'année.

Pour rendre l'élève autonome :

• Proposer des solutions de rangement du matériel, des outils et des productions des élèves facilement accessibles (meubles casiers, chariots).

• Faciliter l'accès et l'utilisation des outils référents (affichés puis classés) : réunir et classer les outils, les supports, les affichages, les référents didactiques (classeur, porte-vues). Rendre les référents accessibles. Les réorganiser ainsi que le classement en fonction de l'évolution des nouvelles compétences. Préférer la substitution et l'archivage à l'accumulation.

L'enseignant présent auprès des enfants observera puis notera ensuite ses remarques. Les rapprochements de notes prises à des moments différents ou par des personnes différentes peuvent être ultérieurement très éclairants. L'adulte portera une attention particulière aux productions : l'affichage, l'exposition des travaux mais aussi un bref bilan avec les enfants sont des moyens d'institutionnaliser l'appel aux interactions.

Remarques :

• S'obliger à beaucoup de rigueur dans cet enseignement avec une « surveillance » permanente de l'adulte pour s'assurer de la tenue du crayon, de la posture, et du sens des tracés afin de ne pas fixer trop tôt de mauvaises habitudes.

• S'assurer de la bonne luminosité de cet espace.

4. Ce qu'il n'est pas !

L'espace graphisme / écriture n'est pas l'espace dessin.

L'espace « projets »

Cet espace sera destiné à mettre en œuvre différents projets, **en laissant les dispositifs installés tout au long de leur réalisation**, dans les domaines de l'exploration du monde (objets, matière, vivant), des activités artistiques…

1. Pourquoi ?

• Pour découvrir les autres, pour échanger et réfléchir avec ou sans la présence de l'adulte.

• Pour prendre des responsabilités.

• Pour apprendre à coopérer, à travailler ensemble : cet espace favorise aide et collaboration.

• Pour s'engager dans l'effort, favoriser les essais personnels, prendre des initiatives, faire des choix.

• Pour répondre à la diversité des apprentissages.

• Pour offrir une souplesse et une liberté d'organisation (nombre d'enfants…).

• Pour la mise en place d'ateliers dirigés et autonomes.

• Pour permettre une liberté d'action des élèves (découvrir et manipuler librement).

• Pour laisser les traces des projets en cours d'élaboration ou achevés (préférer la substitution des affichages à l'accumulation).

• Pour permettre à l'élève de faire des découvertes, des expériences diverses.

• Pour lui faire éprouver le plaisir de faire et de refaire, voir et revoir.

• Pour développer l'observation.

• Et enfin pour permettre des échanges langagiers.

Remarque : La démarche d'investigation y a toute sa place.

2. Quoi ?

Avoir une réflexion toute particulière sur le choix du mobilier destiné à cet espace permettant une grande modulation :

- groupes de tables modulables avec (ou sans) chaises facilement empilables ;
- espace de libre accès au sol ;
- chevalet, cimaise ;
- plan incliné ;
- panneaux d'affichage ;
- casiers de rangement pour le matériel ;
- appareil photo numérique.

Le matériel dépendra des projets menés, des demandes ou du souhait de découvertes induites, des objectifs ciblés sur la durée d'un projet (expériences, exploration, manipulation, plantations, élevage…).

La quantité de matériel sera suffisante.

• **C'est l'espace pour des productions visuelles et plastiques :**

Dessin-graphisme décoratif (compositions plastiques planes ou en volumes), découvrir librement, laisser des traces, découvrir des matériaux, observer les effets produits.

• **C'est l'espace pour découvrir les sons :** instruments de musique, élaborer un espace sonore.

• **C'est l'espace pour découvrir le monde :**

Vie animale ; vie végétale ; découvrir la matière ; utiliser, fabriquer des objets ; confectionner des maquettes ; découvrir des phénomènes physiques (ressorts, aimants, poulies, balances…) ; observer le monde du petit (loupes…), du grand (télescope…).

Projet potager.

Projet de maquette de la ville.

3. Comment ?

« C'est un espace de tous les possibles ».

Les élèves doivent pouvoir s'y rendre fréquemment à différents moments de la journée (volontairement ou en activité dirigée avec l'enseignant ; à l'accueil ou sur des temps de travail).

Ils manipulent librement des objets, des matériaux, découvrent des matières et font des observations fortuites.

Projet de construction.

Projet de circuit de petites voitures.

Proposer des situations problèmes à leur portée (lancer des défis scientifiques, par exemple).

Aménager le lieu en fonction des objectifs ciblés sur la durée du projet.

Il est installé dans la durée, ce qui favorisera les progrès liés au nécessaire temps d'appropriation.

Remarque : Garder en mémoire, archiver les traces des projets antérieurs pour pouvoir consulter les documents réalisés par la classe.

4. Ce qu'il n'est pas !

L'espace « projets » n'est pas un espace artificiel, anecdotique.

L'espace de manipulation, d'exploration et de découvertes sensorielles

1. Pourquoi ?

Pour permettre à l'enfant de :

- Découvrir et manipuler librement des objets, des actions variées.
- Assouvir sa curiosité.
- Fabriquer des objets.
- Développer l'observation, découvrir, explorer, expérimenter.
- Susciter un questionnement et faire émerger les représentations initiales des élèves.
- Développer le travail de groupe : entraide et collaboration.
- Passer du jeu libre à une activité plus dirigée avec consigne.
- Réinvestir des connaissances et compétences (pour les élèves), évaluer (pour le maître).
- Permettre des échanges langagiers : parler, communiquer, partager ses expériences.

Les perles à poser.

Murs tactiles.

2. Quoi ?

En fonction de la programmation des activités, l'espace est alimenté par l'enseignant, les enfants, les parents avec :

- des bacs avec différents contenus (eau, sable, graines, semoule) ;

Découvrir et jouer avec l'eau.

Transvaser, verser, remplir, vider la semoule.

- du matériel de récupération validé par l'enseignant (papier, cartons, tissus, terre, bois) ;
- du matériel disponible dans la classe (jeux de construction, puzzles...) ;
- du matériel du commerce (maquettes, avec en GS des fiches de montage, un mode d'emploi...).

En fonction des projets en cours, le matériel mis à disposition sera renouvelé.

3. Comment ?

L'enseignant laisse beaucoup de temps aux enfants pour explorer et manipuler librement les objets et la matière avant de donner des consignes.

Cependant il tendra vers une démarche de plus en plus aboutie qui peut donner lieu à plusieurs étapes :

a. Amorcer des activités.

b. Faire une mise en commun : par petits groupes, l'adulte recueille les observations, questionne, stimule le langage. Il pose un problème ciblé en fonction des notions à acquérir pour mener des investigations plus poussées.

c. Mener des investigations : observer, expérimenter, manipuler.

d. Réinvestir librement.

À l'issue des différentes étapes, l'espace se sera enrichi (matériel, montages, affichages, livres, photos des réalisations…).

Ces espaces seront organisés sur le cycle.

L'espace regroupement

1. Pourquoi ?

Le **regroupement** permet de créer une communauté d'apprentissage au sein de la classe. L'organisation spécifique du lieu regroupement semble répondre aux modes collectifs d'apprentissage.

Les besoins des enfants et leurs capacités de socialisation sont aussi à prendre en compte dans l'aménagement de cet espace particulier.

Enfin, il établit plus particulièrement les bases de la citoyenneté, de l'accueil de la différence (handicap) et les principes d'égalité.

Lors de la première rentrée scolaire, un grand nombre d'enfants ne sont pas immédiatement prêts à entrer dans un espace scolaire.

Cette scolarisation ne peut être imposée avant d'avoir été construite avec eux.

- C'est un lieu qui permet de **vivre des rituels**, la régularité d'un fonctionnement dans un espace bien défini.
- C'est un **lanceur de la journée scolaire**.
- C'est un lieu où les individus apprennent à **vivre ensemble**, créent des liens, entrent dans le groupe, découvrent et partagent avec des camarades.
- C'est un lieu pour **apprendre les règles de la conversation en groupe** : savoir écouter, savoir prendre la parole, parler chacun à son tour, accepter des contraintes fortes du devenir élève.
- C'est un lieu pour **se décentrer de l'action** : parler de la vie de la classe, revenir sur les événements vécus en commun sur l'action passée, effectuer des bilans d'activité, anticiper.

• C'est un lieu qui permet **de partager des moments de convivialité** (chanter, écouter, prendre du plaisir à être avec les autres) mais aussi une culture commune (y préserver du temps pour écouter une histoire, lire un récit...).

• C'est un lieu qui permet au professeur des écoles **d'enseigner** : se montrer, donner à voir et à entendre.

Imiter la maîtresse !

Donner les consignes en grand groupe.

2. Quoi ?

Un espace qui va évoluer dans l'année et dans le cycle.

Le matériel doit permettre aux enfants de se voir pour pouvoir se parler. Chaque élève doit y trouver sa place en étant confortablement installé.

Les affichages évoluent dans le temps, ils doivent être introduits progressivement sans surcharge, de façon visible et à portée des yeux des enfants. L'espace doit être assez vaste, permanent sur l'année.

Il peut se situer dans un coin ou de façon centrale dans la classe.

Un espace regroupement
au centre de la classe.

Profiter de l'espace pour lire une histoire
à un seul élève.

Les indispensables :

• Un tableau pour permettre la trace écrite et non l'affichage (TBI et/ou tableau ordinaire).

• Des panneaux d'affichage.

• Une exposition temporaire sur un projet.

Éviter que ce lieu devienne trop vite polyvalent, le cadre de cet espace doit rester unique très longtemps en petite section car la variabilité n'aide pas les enfants dans leurs interprétations des objectifs définis.

3. Comment ?

L'espace regroupement semble être un élément incontournable de la classe et peu d'enseignants s'imaginent commencer l'année scolaire sans son installation. Elle évolue tout au long du parcours scolaire de l'élève en maternelle et est parfois encore utile aux cycles 2 et 3.

Dans tous les cas, avant de proposer une situation collective de regroupement en PS, il semble nécessaire de donner un peu de temps pour se connaître, créer des liens, avoir envie de partager des temps communs, prendre conscience de cette structure collective imposée.

Remarque :

Il est important de faire entrer progressivement les enfants dans cet espace sous peine que les contraintes, tellement fortes, ne deviennent un frein à leur socialisation. Peut-on raisonnablement atteindre tous ces objectifs dès le jour de rentrée des classes de petite section ? Certains élèves vont avoir besoin de beaucoup plus de temps que d'autres pour cela.

Les enfants de grande section sont capables de rester plus longtemps dans cet espace à condition que les activités aient du sens et que la durée ne soit pas trop importante (favoriser des temps courts et bien ciblés).

4. Ce qu'il n'est pas !

- En PS, l'espace doit garder sa spécificité.
- En MS et GS, il peut parfois être utilisé à d'autres fins en évitant les jeux moteurs, bruyants et sans contraintes.

L'espace culturel

1. Pourquoi ?

- Pour familiariser les enfants avec les formes d'expression artistique les plus variées.
- Pour vivre et expérimenter des émotions, formuler des choix.
- Pour découvrir, satisfaire sa curiosité.
- Pour regarder des livres, des images, des collections…

• Pour se raconter des histoires, découvrir les images, les connaître, les reconnaître, les manipuler.
• Pour partager des expériences imaginaires, langagières, visuelles.
• Pour constituer la première étape du parcours culturel de l'élève.

2. Quoi ?

Cet espace sera plutôt cloisonné, non loin du lieu de regroupement.

Une organisation matérielle qui nécessite un matériel de bonne qualité :

• revêtement spécifique pour le sol ;
• coussins, sièges confortables, banquettes ;
• présentoirs, casiers (musée de classe), différents types de bacs ;
• petite table basse ;
• murs aménagés d'étagères permettant une présentation lisible des ouvrages, des images proposés et des productions d'élèves.

Les marionnettes attendent les marionnettistes !

Des supports mis à disposition :

• Albums, documentaires, livres animés, imagiers, abécédaires, livres d'art, représentations d'œuvres artistiques, magazines : tailles, formes différentes.
• Installer un coin « écoute » permettant des moments en autonomie (histoires enregistrées, comptines, chansons, musiques.... une prise électrique, casques, lecteurs CD, tablettes numériques, écran de télévision).
• Un meuble vidéo qui permettra de voir et d'écouter un orchestre, un concert, un spectacle de danse, du théâtre, du cirque, des marionnettes.
• Des films, captations vidéo pour visionner des arts du vivant.
• Des écrits collectifs de la classe : récits, comptines, chansons, cahier(s) de vie de la classe, cahier d'art, cahier de culture, classeur des savoirs...

À l'espace livres, mettre des ouvrages identiques en plusieurs exemplaires pour faciliter les échanges entre élèves (série de 3 à 5). Proposer plusieurs ouvrages d'une même série (personnage récurrent).

L'espace musée est bienvenu :

• Musée de classe,
• Musées personnels, boîtes personnelles.

Remarque : Associer ces musées de classe à des visites : expositions, cinéma, spectacle du vivant...

3. Comment ?

• À l'espace bibliothèque :

– Prévoir un lieu réservé à la présentation des livres lus collectivement.

– Réadapter régulièrement le fonds (enlever, réintroduire, compléter...).

– Penser à la fréquentation de cet espace par un adulte pour lire une histoire, pour raconter : mettre en évidence l'attitude du lecteur, du conteur.

– Permettre des échanges à partir des différents supports proposés (livres, images, marottes, marionnettes, micro...).

Je lis un livre toute seule !

Une belle et grande bibliothèque.

• **La constitution d'un espace écoute** peut être l'objet d'un projet intercycles dans l'école en faisant participer des enfants de cycle 2 ou 3 (avec des lecteurs experts) à l'enregistrement de certaines lectures.

Un petit aménagement coin écoute.

• Un espace télévision collectif avec ou sans casques.

• Y installer le musée de classe ou le musée personnel de l'élève.

• Y faire vivre le cahier culturel de l'élève qui précise le parcours culturel de chacun.

4. Ce qu'il n'est pas !

• Ne pas faire d'amalgame entre espace regroupement et espace livres/images.

• Cet espace est indispensable même s'il existe une BCD dans l'école.

L'espace numérique

1. Pourquoi ?

• Pour utiliser les outils numériques dès l'école maternelle.
• Pour être en contact avec des technologies nouvelles.
• Pour comprendre et commencer à utiliser de manière adaptée les outils de demain.
• Pour comprendre que nous pouvons communiquer à distance.
• Pour de nouveaux ateliers de langage.

2. Quoi ?

• Tableau interactif.
• Tablettes numériques.
• Ordinateurs.
• Appareils photos numériques.

3. Comment ?

En grand groupe, au coin regroupement ou dans un espace dédié au TBI
Attention : ne pas supprimer le tableau pour écrire dans cet espace de regroupement !
• Rappel des événements de la journée, se repérer dans le temps.
• Lecture d'un album sur grand écran.
• Communiquer via internet avec des enfants éloignés des écoles (DOM, TOM, COM...).
• Découvertes d'images fixes ou mobiles.
• Regarder des œuvres artistiques...

Projection sur grand écran.

En ateliers, autour des ordinateurs ou de tablettes numériques :

- Rechercher, reinvestir.
- Écrire à deux, un dicte l'autre frappe les lettres.
- Trier des photos.
- Réaliser un cahier de vie collectif.

Des ordinateurs portables.

Un ordinateur fixe.

Pour des temps individualisés ou en relation duelle :

- Apprendre à photographier.
- Extraire les photos, les organiser, créer des livres numériques, des imagiers.
- Réaliser un cahier de vie personnel de l'école.
- S'entraîner, réinvestir.

Dans le vestibule des parents pour communiquer avec les parents et parler de ce qui se passe à l'école au moment des accueils ou des sorties.

La spécificité de la classe de moins de 3 ans

Si l'accueil des jeunes enfants de moins de trois ans n'est pas aujourd'hui ouvert à tous les enfants, il permet d'accueillir en priorité ceux issus des milieux sociaux les plus éloignés de la culture scolaire ou ceux vivant dans les zones rurales excentrées.

Cette première scolarisation doit encore plus que les autres niveaux de l'école maternelle préserver les enfants en respectant leurs besoins spécifiques.

La question de l'aménagement approprié d'une classe de TPS se pose. Cette réflexion est immédiatement corrélée avec celle de la réorganisation du temps scolaire.

Les liens avec les partenaires sont incontournables car c'est en se posant avec eux des questions sur l'enfant que l'école peut parvenir à créer l'équilibre nécessaire pour l'accueil particulier et individualisé de chacun.

La scolarisation d'un enfant de moins de trois ans passe aussi par l'accueil des familles, dans un esprit de coéducation.

Répondre à leur besoin fondamental de mouvement

Les tout-petits ont besoin de mouvement, ils doivent trouver un espace qui leur permette d'être actifs, de se déplacer, de bouger sous le regard bienveillant des adultes présents : la salle de classe doit être vaste ; l'espace dégagé.

Un espace moteur, des espaces jeux adaptés, vastes et visibles par tous doivent être proposés.

Le mobilier scolaire sera introduit au fil du temps, comme l'espace regroupement, les tables et les chaises.

La configuration même de la classe sera progressive sur l'année avec, en début d'année, des espaces de jeux et de déplacement largement représentés.

Les espaces proches de la classe seront utilisés autant que possible : une salle de repos pour l'espace d'exploration motrice, les espaces extérieurs proches de la classe pour les activités de découvertes sensorielles, les points d'eau, les couloirs qui jouxtent la classe, divers espaces de déambulation en fonction de l'architecture de l'école.

L'équipe éducative mettra à disposition des objets à tirer, à pousser, des balles, des ballons, des rubans, du mobilier adapté à la taille des enfants permettant de prendre des risques contrôlés et d'agir en toute sécurité.

Il faudra veiller à ce que ces objets soient en bon état, conformes aux normes européennes et surtout autorisés pour les enfants de moins de 36 mois ! Un document, produit en 1998 par la DGESCO et le Service des Achats de l'État du ministère de l'Économie et des Finances, donne tous les éléments en termes de respect de la sécurité des enfants dans le cadre des collectivités. Il s'intitule : « Conditions de sécurité des équipements et des matériels utilisés pour les activités éducatives ». Il est téléchargeable sur internet.

Répondre à leur besoin de sécurité affective

Ce besoin associé à la confiance nécessaire pour accepter la séparation avec la famille et la vie en collectivité doit être prioritairement pris en compte.

Les parents sont reçus en classe, sur une des périodes (en fonction de l'évolution de l'enfant et de son adaptation).

Une contractualisation permettra d'accueillir les enfants sur des temps réguliers mais de durées variables en fonction de leur adaptation à la vie collective.

Des temps de coéducation raisonnés sont possibles au cours de la journée et tout au long de l'année scolaire.

Les enfants de cet âge se construisent grâce à l'adulte présent ; des temps individualisés sont à prévoir dans l'organisation pédagogique de la classe.

L'aménagement doit y répondre :

- Créer un espace repos pour se reposer autant que de besoin.
- Aménager un espace personnel pour y ranger ses effets personnels (sucette, doudou, objet de la maison, album photos de la famille...).
- Créer un espace qui permet d'accueillir les parents sur le temps scolaire pour parler avec la famille de ce qui se passe à l'école avec les outils de communication d'aujourd'hui : vidéoprojecteur, écran d'ordinateur, clé USB, tablettes numériques...
- Favoriser l'organisation de petits espaces collectifs pour entrer en relation avec ses camarades autours de bacs à découvertes, de coins jeux adaptés aux moins de trois ans en évitant d'installer trop tôt les coins symboliques dans le but de faire ensemble, compétence parfois encore éloignée de leurs capacités.
- Enfin, **ne pas modifier trop vite ces espaces** car les enfants ont besoin d'une certaine stabilité pour se repérer et se déplacer en totale autonomie dans ce nouvel univers scolaire.

Répondre à leurs besoins physiologiques

La propreté

Puisque la propreté n'est pas un préalable à la scolarisation en TPS, des accidents peuvent arriver ! Il est donc nécessaire de pouvoir accéder à un espace de change qui respecte l'intimité de l'enfant.

Les toilettes (s'assurer par ailleurs que la taille soit adaptée) se situent à proximité avec un accès facile et libre pour répondre très vite à ces besoins physiologiques.

Besoin de se nourrir et de boire

À cet âge, l'adulte prévoit un petit goûter et invite les jeunes enfants à boire de l'eau régulièrement en cours de journée. Des gobelets individuels sont nécessaires.

La collation doit être distante d'au moins deux heures du repas de midi et respecter les règles alimentaires de lutte contre l'obésité infantile. Les parents peuvent, dans un souci de prévention et de coéducation, être associés à ces moments.

Le besoin de sommeil

Il est important et peut aller jusqu'à douze heures de sommeil quotidien. L'enfant a besoin fréquemment de se reposer, de s'isoler et de dormir.

Un espace de repos confortable et spécifique doit être installé dans la classe. Quant au dortoir, il se localise à proximité de la classe avec une literie individuelle et lavable.

Répondre à leur besoin de communiquer, de découvrir et d'expérimenter

Tous ces besoins vont permettre de développer le cognitif : les espaces sont prévus pour apprendre, découvrir, comprendre, raisonner, observer, imiter et imaginer. L'environnement est riche et varié, évolutif dans l'année.

S'assurer, encore une fois, que ce matériel respecte les règles de sécurité, s'adressant à des enfants de moins de 36 mois.

Les espaces de jeux sont des espaces d'apprentissage, l'enseignant doit y avoir une place matérialisée pour en montrer l'importance. À cet âge, l'enfant est fortement autocentré, il se reconnaît essentiellement dans le regard de l'adulte.

Les espaces sont propices aux échanges langagiers (avec l'adulte ou entre pairs) : des espaces pour communiquer, parler, dire, raconter, s'exprimer.

Les jeux doivent répondre à toutes les attentes des enfants, sans stéréotypes.

- Concernant les **jeux symboliques**, les enfants de moins de trois ans jouent davantage à côté de leurs camarades plutôt qu'avec eux, ou alors par imitation (cuisine, poupon, chambre, coiffure...) ; veiller à présenter des objets avec des tailles les plus proches du réel et en bon état.
- **Jeux fonctionnels de découverte** (bacs à eau, à sable, à graines, à farine...) remplir, vider, mélanger ; en contrôler fréquemment l'usage pour éviter tout danger d'ingestion ou d'inhalation.
- **Jeux de construction :** déplacer, empiler, construire, détruire.
- **Des espaces extérieurs** avec le jardin, les élevages, la cour de récréation.
- **Des espaces de motricité fine** avec des bouliers, des perles, des coins pinces à linge.
- **Des espaces de graphisme** avec la piste graphique qui permet d'être investie par plusieurs élèves, avec une offre diversifiée de possibles (horizontal, vertical, incliné), les tracés peuvent y rester un certain temps, et s'enrichir au cours de la semaine avec des outils variés allant de la craie à la gouache.

- **L'espace bibliothèque** présente une activité « écoute et observation » d'images, de photos, de référents culturels. Cet espace doit être suffisamment grand pour accueillir un petit groupe et l'adulte de la classe. Les albums y sont proposés en fonction de l'âge des enfants. Il ne faut pas tendre trop vite vers des ouvrages de littérature de jeunesse trop complexes mais favoriser, en revanche, des livres en série : même titre en nombre suffisant, une série avec un personnage connu… Cet espace peut aussi accueillir des marionnettes, des marottes, un écran.

Quels apprentissages dans ces espaces ?

Jouer pour apprendre

Le jeu libre

Gilles Brougère dans son livre *Jeu et éducation* donne quelques caractéristiques du jeu :

- Il y a une opposition entre la réalité et le jeu, ce dernier étant toujours dans le second degré (« on dirait que... »).

> « [...] c'est ce qui permet de distinguer la bagarre “pour de vrai” de celle qui n'est que jeu. Pour ce faire, il faut qu'il y ait accord et compréhension de certains signaux. Cette métacommunication transmue la valeur de certains actes pour en faire des faux-semblants, des actes qui ont un autre sens que celui que l'on pourrait percevoir au premier degré. » (p. 248)

- Le jeu ne s'impose pas, il se décide. Il est une activité volontaire existante par la décision du joueur.

> « Le jeu n'est pas un comportement spécifique mais une situation dans laquelle ce comportement prend une signification spécifique. On voit en quoi le jeu suppose communication et interprétation. Pour que cette situation particulière naisse, il y a décision de la part des joueurs : décision d'entrer dans le jeu mais aussi de le construire selon des modalités particulières. Sans libre choix, c'est-à-dire possibilité réelle de décider, il n'y a plus de jeu mais succession de comportements qui ont leur source ailleurs que chez le joueur. » (p. 249)

- Tout jeu est construit par la règle.

> « Pour jouer, il y a accord sur les règles (cas des jeux classiques préexistants mais dont les joueurs, d'un commun accord, peuvent transformer certains aspects des règles) ou constructions de règles. C'est le cas des jeux symboliques qui supposent un accord sur les rôles et les actes. » (p. 250)

- Le jeu a un caractère de frivolité : il est un terrain d'expérimentation sans conséquences sur la réalité.

> « Dans le jeu, la gravité des conséquences que comportent les erreurs ou les échecs se trouve atténuée. Au fond, le jeu est une activité très sérieuse, mais qui n'a pas de conséquences frustrantes pour l'enfant. » (p. 251)

- Il y a un facteur d'incertitude : le déroulement d'un jeu et sa finalité sont incertains.

> « Mais c'est également un monde ouvert, incertain. On ne sait pas d'avance ce que l'on y rencontrera ; le jeu possède une dimension aléatoire. » (p. 251)

La place du jeu libre dans les espaces

Elle est incontournable : le fonctionnement en espaces existerait difficilement sans la notion de jeu libre car elle est une des conditions essentielles pour que les enfants soient paisiblement occupés et qu'ils puissent interagir. La sérénité de l'adulte en dépend : il peut se consacrer à un individu ou à un tout petit groupe parce qu'il sait que les autres espaces ne requièrent pas son attention. Il se libère ainsi de la contrainte du collectif classe.

Film 11 – Comment libérer l'enseignant pour qu'il observe sereinement les élèves ?

Dans les fonctionnements en ateliers, la place du jeu libre arrive une fois la tâche institutionnalisée réalisée : « Tu iras jouer quand tu auras fini ton travail ! » et les enseignants souvent culpabilisent : « Mais quand ils jouent, ils ne font rien. », sous-entendu : « ils n'apprennent rien ». Or les activités ludiques permettent de communiquer, s'entraîner, réinvestir, créer, imaginer, partager... dans le plaisir et il est, de toute façon, utopique de penser qu'un enseignant peut contrôler les apprentissages de tous les élèves pendant trois heures d'affilée.

Film 8 – Comment répondre aux besoins individuels de chaque enfant au sein d'un grand groupe ?

Dans le fonctionnement en espaces, le jeu libre est omniprésent : l'enfant choisit quand, où, à quoi et avec qui il veut jouer, sans intervention de l'adulte. En revanche, celui-ci peut lui demander de cesser un jeu pour venir « travailler » avec lui mais, *a contrario*, l'enfant ne décide pas d'arrêter une activité démarrée avec l'adulte pour aller jouer librement. Le rôle de l'adulte est de le motiver, l'aider, l'accompagner à aller jusqu'au bout d'une tâche engagée.

Film 4 – Comment donner le goût à l'effort ?

Coopérer pour apprendre

1. L'enfant n'apprend pas seul à jouer

Même dans ce domaine, le jeu naturel n'existe pas : c'est un mythe.

> « Il n'y a pas chez l'enfant de jeu naturel. Le jeu est affaire de relations interindividuelles, donc de culture. [...] On apprend à jouer. [...] Le jeune enfant est initié au jeu par les personnes qui s'occupent de lui, tout particulièrement sa mère. Dire qu'un enfant de quelques jours ou de quelques semaines joue de sa propre initiative n'a pas de sens. C'est l'adulte qui, comme le soulignait Wallon, par métaphore, a baptisé jeu tous les comportements de découverte de l'enfant. » (p. 247)

Si le maître laisse entre les mains d'un jeune enfant un jeu qu'il ne connaît pas, celui-ci va plutôt explorer les pièces en tant qu'objets. Il ne cherche pas à jouer, il est dans une phase de découverte de l'objet. C'est ainsi qu'apparaissent des comportements souvent réprimandés par les adultes : il essaie de casser le jeu, le tordre, il tape le sol avec, il le mordille... Le rôle de l'enseignant, au départ, est essentiel : il s'assoit à côté de l'enfant et l'initie au jeu pour lui en montrer les possibilités créatrices. Après, et seulement après, il pourra lui laisser le jeu en disposition libre.

2. L'enfant n'apprend pas seul à parler

Le choix des espaces s'avère judicieux à double titre : en premier, parce que le maître va développer les capacités de communication en tenant compte des compétences, des actions de chacun et il motivera ainsi les contacts sociaux ; en second, parce qu'en individualisant les échanges maître/élève, les discours de ce dernier seront reformulés, enrichis...pour apprendre à mieux maîtriser le langage. Laurence Lentin[1], dans *Apprendre à penser, parler, lire, écrire*, illustre le propos de manière plus pragmatique mais tout aussi éclairante :

1. *Apprendre à penser, parler, lire, écrire ; Acquisition du langage oral et écrit*, ESF Éditeur.

Il est cependant évident que les apprentis parleurs ne peuvent pas élaborer leur système syntaxique en conversant seulement avec leur congénères. Ils ont besoin d'une interaction ajustée de la part de leurs interlocuteurs, ce qui ne peut être le fait de leurs coapprenants. [...]

En même temps qu'il apprend à parler à un enfant en voie d'acquisition du langage, l'éducateur lui apprend à raisonner, à argumenter. Ceci n'est pas à la portée d'enfants du même âge. » (p. 83)

L'adulte qui a en charge l'activité verbalise, reprend les propos, enrichit le vocabulaire, la syntaxe...

Les espaces sont avant tout des lieux d'échanges : grâce à l'adulte, l'enfant y apprend dans le plaisir à communiquer, à mettre en mots ses jeux, ses expériences, ses activités.

Mais de même qu'il n'apprend pas seul à parler, il ne peut entrer dans l'écrit sans l'aide d'un lettré.

3. L'enfant ne rentre pas seul dans l'écrit

En 2000, Lahire[2] écrit que « passer de la pratique du langage à la conscience de la langue ne va pas de soi » et il explique :

« Le langage est une pratique qui s'ignore comme telle, qui s'oublie dans son fonctionnement pour se fondre dans ses actes, actions, événements, situations... Rien ne permet de décaler ou de décoller le sujet parlant de sa parole pour lui en faire entrevoir le fonctionnement interne, spécifique. » (p. 20)

L'adulte, par des retours réflexifs systématiques sur les activités langagières habituelles, oblige l'élève à traiter le langage comme un objet autonome qui peut être étudié d'un point de vue strictement phonologique. Le maître engage la manipulation délibérée : il questionne les élèves sur ce qu'ils sont en train de faire, pourquoi ils le font, ou encore il le leur explique avant de le faire.

2. B. Lahire, *Culture écrite et inégalités scolaires*, Presses Universitaires de Lyon, 2000.

Beaucoup de chercheurs l'attestent (Ferreiro, Freinet, Fijalkov, Brigaudiot, Besse...), les enfants portent très tôt leur attention sur l'écrit et sont rapidement capables d'établir des relations entre l'écrit et l'oral. Apprendre à écrire avant d'apprendre à décoder est d'évidence plus facile pour eux. Pourtant, la découverte du fait que ce qui se dit peut s'écrire, élément par élément, ne s'approprie pas naturellement et, sans intervention d'un médiateur lettré, l'enfant ne peut pas faire tout seul l'analyse chaîne orale/chaîne écrite.

Dans le fonctionnement des espaces, la possibilité de travailler avec un seul enfant à la fois permet d'évaluer rapidement où chacun se situe dans sa conception de l'écrit et de l'aider ainsi à progresser.

4. L'enfant ne construit pas seul les notions

Film 5 – Comment amener l'enfant à dépasser ce qu'il sait déjà faire ?

Si l'adulte n'accompagnait pas l'enfant dans ses découvertes, il resterait au stade du « développement actuel » et aurait des difficultés certaines pour atteindre sa « zone proximale de développement ». Il n'y a guère qu'un adulte pour faire progresser un élève. Ce qui signifie qu'il ne suffit pas d'exposer un enfant au jeu, même très longuement, pour qu'il construise par lui-même une notion. La place de l'adulte est incontournable pour expliciter les apprentissages.

Des scénarii pour apprendre

Film 4 – Comment donner le goût de l'effort ?

Les espaces se vivent différemment en petite, moyenne, grande sections mais aussi en début ou en fin d'année. Les scénarii sont les éléments de programmation indispensables pour que l'espace devienne espace d'apprentissage.

Les espaces et la notion de temps

1. Une évolution du scénario dans le temps

Le scénario est un déroulement d'étapes dont les mises en scène sont programmées pour que l'enfant arrive, au final, à une production autonome. Les étapes suivent le schéma de la construction du savoir chez le jeune enfant : de la simple manipulation de l'objet ou du jeu, l'élève sera amené à observer, explorer, réfléchir en résolvant des problèmes, puis à s'exercer autant de fois que nécessaire pour enfin formaliser un savoir et le mémoriser. Le scénario évolue donc dans le temps : chaque étape est structurée de telle sorte que l'acteur progresse dans son apprentissage. Le respect des étapes devient fondamental : l'enseignant ne fait franchir une marche à l'élève que s'il évalue que la précédente est validée.

2. Un enseignant qui donne du temps

Mais si le professeur des écoles a bien compris que le contenu du scénario évolue dans le temps, il faut dès le début qu'il accepte de donner du temps aux élèves pour mettre en œuvre efficacement chaque étape. Les scénarii d'apprentissage pour un espace s'étendent sur une période plus ou moins longue selon l'âge et les capacités des enfants. Toutefois ils sont généralement construits pour une durée de six à sept semaines. Cependant, si l'adulte tient compte du rythme d'apprentissage de chacun, il est évident que les étapes ne se franchiront pas au même moment pour tous.

3. Un enfant qui prend du temps

L'enfant a besoin de temps pour apprendre, que ce soit pendant l'activité ou sur la durée.

- **Pendant l'activité :**

Selon chacun, les notions s'acquièrent à des rythmes différents. Un élève peut n'avoir besoin que de dix minutes et un autre, plus de trente. Le maître doit faire preuve de souplesse : aucune situation n'est figée ou formatée.

- **Sur la durée :**

Puisque les étapes ne s'enchaînent pas au même rythme pour tous, certains enfants peuvent en avoir franchi plusieurs pendant que d'autres élèves n'en seront encore qu'au début. Il est donc difficile de dire précisément combien de jours, de semaines, un jeu ou une activité reste en place : à chaque enseignant d'évaluer en fonction des progressions des élèves. Mais plus l'activité est présente, plus l'enfant peut s'entraîner, réussir, assimiler.

Le temps est un allié pas une contrainte. Il permet de construire cette notion difficile de la durée.

De plus, la notion du temps de l'adulte n'est pas la même que celle de l'enfant : il est dans l'instant présent alors que l'enseignant se projette.

4. Un emploi du temps

Les scénarii sont intégrés sur des plages dont la durée, en fonction du niveau des élèves, varie de 1 h à 1 h 30 maximum. Ils n'interviennent pas sur les temps collectifs comme les séances sportives, la chorale, la phonologie…

Exemple d'emploi du temps pour une classe de Petite Section

<table>
<tr><th></th><th>LUNDI</th><th>MARDI</th><th>MERCREDI</th><th>JEUDI</th><th>VENDREDI</th></tr>
<tr><td>8H50-10H15</td><td colspan="5">Apprendre dans les espaces : Expérimenter, Nommer, Comprendre, Réfléchir, Proposer, Imaginer, Expliquer</td></tr>
<tr><td>10H15-10H30</td><td colspan="5">Partager en groupe, créer une mémoire commune : les marionnettes, les comptines, les albums, les chants</td></tr>
<tr><td>10H30-11H</td><td colspan="5">Se rencontrer dans la cour de récréation</td></tr>
<tr><td>11H-11H30</td><td colspan="3">Agir avec son corps</td><td colspan="2">Chanter ensemble</td></tr>
<tr><td>11H30-12H</td><td colspan="5">Apprendre dans les espaces : Expérimenter, Nommer, Comprendre, Réfléchir, Proposer, Imaginer, Expliquer</td></tr>
<tr><td>13H35-15H</td><td colspan="2">Se reposer</td><td rowspan="3"></td><td colspan="2">Se reposer</td></tr>
<tr><td>15H-15H45</td><td colspan="2">Apprendre dans les espaces : Expérimenter, Nommer, Comprendre, Réfléchir, Proposer, Imaginer, Expliquer</td><td colspan="2">Apprendre dans les espaces : Expérimenter, Nommer, Comprendre, Réfléchir, Proposer, Imaginer, Expliquer</td></tr>
<tr><td>15H45-16H</td><td colspan="2">Écouter des histoires</td><td colspan="2">Écouter des histoires</td></tr>
</table>

L'emploi du temps ci-dessus fait référence aux activités réelles de l'enfant et se décline donc en verbes d'action.

Les élèves franchissent les étapes à des rythmes différents, selon les compétences et le choix du parcours de chacun. Contrairement au fonctionnement des ateliers, il n'est pas possible de prévoir une date butoir pour l'aboutissement des étapes. Et cela est encore plus vrai en raisonnant pour la semaine : comment un enseignant peut-il sérieusement envisager que tous les élèves auront réussi avant vendredi l'activité prévue ?

Il faut être souple et admettre que tel individu a encore besoin d'expérimenter alors que tel autre est capable de reproduire un modèle ou d'en créer un nouveau. L'espace peut rester en place sur plusieurs périodes : même ceux qui ont franchi toutes les étapes auront toujours autant de plaisir à l'investir. Ne perdons jamais de vue les éléments de base :

- ce sont autant d'enfants qui libèrent l'enseignant pour des relations individuelles avec les plus fragiles ;
- c'est en prenant le temps d'observer que l'enseignant connaîtra le moment propice où l'élève est le plus disponible pour les apprentissages ;
- il faut lâcher prise : comme pour tout changement, le départ semblera chaotique ; l'impression de ne rien maîtriser, un mouvement perpétuel et des élèves qui évoluent sans tenir compte du professeur des écoles ! Il faut garder en tête les étapes des scénarii et laisser le temps aux enfants de s'approprier espace et jeux.

La mise en place des scénarii

Les propositions qui suivent guident le lecteur pour une mise en place des espaces dès la première période. Il lui appartient par la suite de s'approprier les principes pour continuer à faire évoluer les dispositifs en fonction des possibilités matérielles de chaque école.

1. Choix des espaces à mettre en place

Il faut déterminer les espaces en fonction du niveau des élèves mais aussi du matériel, des jeux et des locaux recensés sur l'établissement et des envies de l'enseignant.

Pour démarrer en petite section, les espaces incontournables sont :

- un espace moteur (petit toboggan, tunnel, tapis, trotteur, toupie géante...) ;
- un espace sensoriel (au choix : pâtes, semoule, graines variées, sable, coquillages, noix/noisettes/amandes/glands/marrons...) ;
- un espace culturel (livres, images variées) ;
- un espace graphique : un mur pour installer des pistes graphiques, une table et un meuble contenant ciseaux, colle, outils gros calibres ;
- un espace jeux de construction : gros cubes ou tuyaux à assembler...
- un espace jeux d'imitation : dînette, voitures et camions ;
- un espace motricité fine : pâte à modeler, perles ;
- un espace repli sur soi : une « cabane » dont l'espace d'accueil au cours de l'année se réduira.

démarrer en moyenne et grande sections, les espaces incontournables sont :**

- un espace culturel : livres, coin écoute, images et reproductions variées ;
- un espace graphique : des outils et du matériel variés pour observer et tracer des traits ;
- un espace jeux de construction : les planchettes en bois ;
- un espace jeux d'imitation : la marchande, l'épicerie, les voitures et le garage ;
- un espace motricité fine : pâte à modeler, terre, tissage, petit bricolage ;
- un espace sciences : les aimants, le vent, l'ombre et la lumière, les élevages d'animaux, les engrenages…
- un espace mathématiques : les puzzles, les petits jeux de société…
- un espace lettres/écrit : l'alphabet.

2. Le rôle des adultes dans les espaces

L'enseignant choisit l'espace qu'il va animer et sur lequel il sera par conséquent présent ; il explique également aux différents adultes (ATSEM, stagiaire…) leur rôle. En petite section, il annonce aux enfants brièvement le matin, sur un temps de regroupement, quels vont être les espaces mis en place, les possibilités d'activités et l'organisation des adultes.

« Ce matin je vous propose :

- à l'espace livres, vous pourrez regarder les albums que je vous ai lus hier ;
- à l'espace voitures, Brigitte (l'ATSEM) fera un petit jeu avec vous : elle vous cachera une voiture, une moto dans un sac et il faudra la reconnaître uniquement en la touchant ;
- à l'espace construction, je vous ai mis les tuyaux pour jouer avec ;
- à l'espace graphisme, j'ai affiché du papier noir et je vous ai mis de grosses craies blanches pour que vous laissiez des traces ;
- à l'espace sensoriel, vous avez toujours le bac à pâtes ;
- à l'espace moteur, vous pouvez glisser sur le petit toboggan et vous déplacer à califourchon sur les bancs ;
- moi je serai à l'espace perles, je vous apprendrai à vous servir des abaques pour enfiler des objets. »

Décliner ces informations est importante pour des raisons différentes :

- **certains veulent connaître l'espace où se positionnera l'adulte**, peu importe quelle en sera l'activité proposée, leur priorité va à la présence de l'enseignant ou de l'ATSEM qu'ils suivent comme leur ombre ;
- d'autres aiment entendre énoncer des nouveautés : **la présentation d'un matériel inédit fait toujours des émules** et agit comme un regain d'intérêt ;

– **d'autres encore ont besoin de se projeter dans une activité pour agir** ; il n'est pas rare sinon de voir des enfants déambuler entre les différents espaces sans intervenir sur aucun. Le fait d'entendre énoncer une activité motive alors une implication sur un espace ;
– enfin, **quelques-uns sont rassurés par l'existence immuable de certains espaces** : ces enfants, tous les matins, réalisent le même parcours. Ils enchaînent les espaces dans un ordre identique.

Les espaces où l'enseignant est absent ont des vocations différentes : ce sont des espaces qui stimulent la motivation et l'entraînement, la découverte, l'expérimentation, les interactions. C'est le cas des espaces d'imitation ou des jeux symboliques. Veiller dans ce cas à ce que le matériel soit en quantité suffisante pour éviter conflits et négociations.

Pour chaque période, le maître détermine les espaces qui feront l'objet d'un apprentissage. En voici un exemple pour la période 1 :
– Adulte 1 interviendra sur : l'espace construction, l'espace graphique, l'espace motricité fine (modelage).
– Adulte 2 interviendra sur : l'espace imitation (les voitures), l'espace livres, l'espace sensoriel (les pâtes).
Les espaces non cités restent en jeu libre sur l'ensemble de la période.

Présentation des espaces avec des enfants plus âgés

En moyenne et grande sections, les élèves s'inscrivent pour leur première activité du matin : ils mettent leur prénom sous le pictogramme représentant l'activité ou le jeu qui les intéresse. S'inscrire relève d'une démarche personnelle et individuelle : l'enfant manifeste son intention d'apprendre et il prend acte aux yeux de l'enseignant de son engagement à aller jusqu'au bout de la tâche choisie. Les enfants peuvent changer les étiquettes en fonction de leurs divers déplacements.

Film 1 – Comment individualiser le travail de l'élève ?

3. La position des élèves

Les adultes ont à leur disposition une grille pour cocher la présence des élèves sur l'espace dont ils ont la charge et noter l'activité produite par chacun. À la différence des ateliers, la grille se remplit au fur et à mesure des choix de chacun. Lorsque le passage d'un élève n'a pas été repéré, l'adulte va le solliciter : « Tu viens avec moi Jeremyah, je ne t'ai pas encore vu et je voudrais t'apprendre à utiliser les outils de jardinage. »

Il ne faut pas attendre que la grille soit complète pour animer un nouvel espace. Certains élèves sont incapables, par exemple, d'exprimer une préférence. L'enseignant délaisse l'espace quand il juge avoir obtenu un nombre suffisant de participants. L'espace reste alors en place et devient un terrain de jeu libre.

La situation n'est toutefois pas figée : en fonction des découvertes, des échanges, des besoins de chacun, le maître peut revenir ponctuellement sur l'espace pour un ou plusieurs élèves.

Exemple de grille pour inscrire les élèves (en fonction de leur participation)

Voitures et compagnie	Participation spontanée ou sollicitée	Exprime sa préférence	Identifie par le toucher	Nomme	Remarques sur l'utilisation des voitures en jeu libre
Lilou					
Charlotte					
Ilyès					
Kylian					

La construction des scénarii

Un scénario sera systématiquement constitué de différentes étapes d'apprentissage (généralement quatre). Quelques exemples de scénarii dédiés à certains espaces décrits plus haut vont être présentés dans les pages ci-contre. Ils seront utiles pour une première mise en route. Il sera facile par la suite d'en construire de nouveaux en tenant compte des contraintes de chaque classe ainsi que du public accueilli.

Ces quatre étapes sont les suivantes :

Étape 1 : jeu libre, manipulation libre, découverte
Étape 2 : verbaliser, reproduire un modèle
Étape 3 : aller plus loin, développer, enrichir
Étape 4 : produire de manière autonome

Les programmes pour l'école maternelle sont d'ailleurs ainsi construits : notre école maternelle doit être « une école qui organise des modalités spécifiques d'apprentissage ». Elle doit permettre aux élèves d'apprendre :
– en jouant,
– en réfléchissant et en résolvant des problèmes,
– en s'exerçant,
– en se remémorant et en mémorisant.

C'est le sens des différentes étapes que proposent les scénarii d'apprentissage dans les espaces.

Mise en garde : Il faut favoriser le retour au jeu libre entre chaque étape du scénario pour que l'enfant ne cesse d'éprouver le plaisir de manipuler le matériel et qu'il puisse se réapproprier le jeu selon ses règles à lui.

L'espace jeux d'imitation

La dînette, les poupées, la marchande, les voitures, les déguisements, les figurines, la ferme...

Progressivité

Petite section (jouer les scénarii proposés ou initiés par l'adulte)

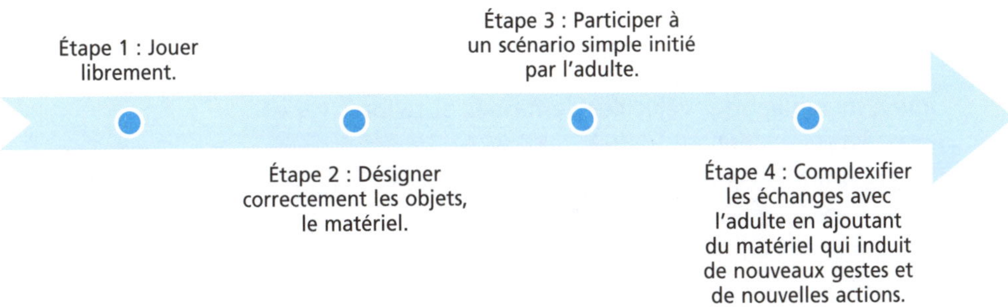

Moyenne section (créer, jouer et relater ses propres récits)

- Étape 1 : Jouer librement.
- Étape 2 : Décrire, expliquer son jeu à l'adulte.
- Étape 3 : Créer un scénario dont le départ est imposé par l'adulte.
- Étape 4 : Produire, aidé par l'adulte, l'intégralité d'un scénario.

Grande section (interpréter en petits groupes des rôles sociaux différents)

- Étape 1 : Jouer librement.
- Étape 2 : Différencier le réel de l'imaginaire.
- Étape 3 : Se documenter pour enrichir les rôles.
- Étape 4 : Produire des situations les plus réelles possible.

Un exemple : les petites voitures

PETITE SECTION

Étape 1 : Jouer librement.

• **Comportements observables :**

– L'enfant s'approprie beaucoup de voitures : il en prend un maximum dans ses mains.

– Il joue toujours en utilisant le même véhicule ou le même type de véhicule.

– Il joue souvent à plat ventre.

– Il vocalise, fait du bruit, tamponne les voitures entre elles.

– Il utilise le matériel autour de lui pour le détourner à ses fins : par exemple, un banc sert de piste de lancement pour les bolides, le dossier d'une chaise de toboggan géant pour bolides.

Étape 2 : Désigner correctement les objets, le matériel.

• **Jouer, manipuler des véhicules de formes et calibres variés :**

– Inciter l'enfant à utiliser tous les jouets de la caisse. Échanger pour qu'il exprime sa ou ses préférences et l'aider à justifier sa réponse : la couleur ? La vitesse ? La fonction (pompier, moto, ambulance...) ? La taille...

– Identifier par le toucher un véhicule : déposer dans un sac une moto et demander à l'enfant de nommer l'objet.

– Identifier un véhicule manquant : l'adulte dépose sur le t
(exemple : le tracteur et la voiture de course). Il dépose un t
fait disparaître un. L'enfant nomme celui qui a disparu et c

- **Feuilleter des imagiers, en créer :** l'adulte photograpl
chaque véhicule du bac et écrit son nom sous l'imprimé. Il
photo ce qu'il voit dans l'environnement proche : trottinet
taire, camionnette, camion, semi-remorque....

Étape 3 : Participer à un scénario simple initié par l'adulte.

- **Observer les traces laissées par les véhicules :** (couvercle de boîtes à chaussures dont le contenu varie) rouler dans le sable, la farine, la semoule, l'eau, sur la pâte à modeler... Suivre les différents mouvements du tracé du bout des doigts. Effacer et recommencer.

Tracer également en utilisant la peinture car le résultat est définitif.

- **Expérimenter des tracés de route :** faire glisser un jeu de type Duplo, un bout de carton dans du sable pour tracer des routes. Faire varier les tracés : rectilignes (d'un bout à l'autre du support), ondulés (peu ou beaucoup de virages). Aider l'enfant à verbaliser les gestes : la main monte, la main tourne et elle descend. Tester les routes en prenant les voitures. L'adulte décrit le parcours : la voiture démarre, elle roule tout droit, elle tourne dans le virage et elle s'arrête.

- **Éviter des obstacles, slalomer :** l'adulte présente une plaque sur laquelle il a collé des bouchons (bouteille plastique). Il s'agit de les contourner sans les toucher.

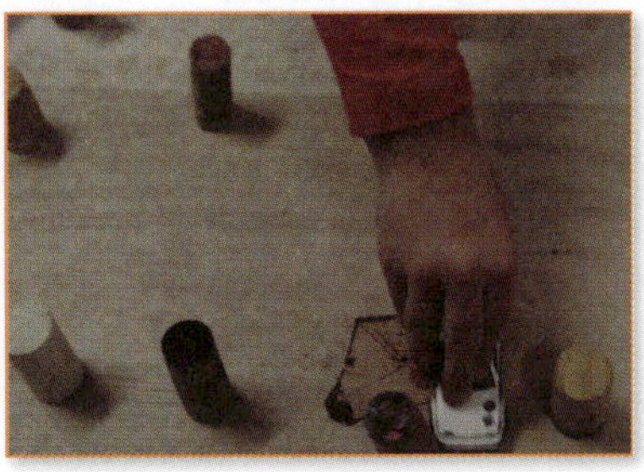

– Varier les espacements des bouchons pour développer la précision du geste moteur.

– Contourner le plus de bouchons possible en symbolisant un départ et une arrivée éloignée.

– Slalomer à plusieurs sur la piste : il s'agit d'éviter, à la fois, les obstacles et les voitures.

– Slalomer autour de bouchons en liège : ils sont juste posés sur le sol. L'enfant les contourne sans les faire tomber. Ajuster la difficulté en augmentant le nombre d'obstacles.

…r un parcours orienté par l'adulte : un départ, des virages en pâte à …ler, une large bande de papier pour une route rectiligne, des bouchons …rpillés sur lesquels ont été dessinés yeux et bouches, un couvercle de boîte rempli de farine, une arrivée. Quand le véhicule a roulé d'un bout à l'autre, l'adulte aide l'enfant à raconter ce qu'il vient de faire.

Trace / évaluation : Photographier le parcours quand l'élève le réalise.

Étape 4 : Complexifier les échanges adulte/enfant en ajoutant du matériel qui induit de nouveaux gestes et de nouvelles actions.

• **Réaliser un parcours impliquant une variété de gestes moteurs :** l'adulte ajoute des éléments qui permettent non seulement d'affiner le geste moteur mais surtout d'imaginer de nouvelles scènes.

Exemple : des tunnels (rouleaux en carton, arceaux en plastique...), des montées/descentes (plans inclinés), des rails imposés (bouteille plastique coupée dans la longueur)... Aider l'enfant à verbaliser le parcours : décrire le départ, la suite des mouvements, l'arrivée.

• **Créer son parcours orienté :** l'adulte matérialise un départ et une arrivée éloignée. L'enfant construit un parcours utilisant les éléments précédents. Il le présente à l'adulte.

• **Combiner des éléments pour réaliser le parcours de son choix :** les jouets de la classe (petite maison, cubes, Duplo...) servent de support. Chaque enfant dispose son matériel et fait rouler son véhicule selon le scénario de son choix. Il explique à l'adulte le déplacement de sa voiture. Accompagner l'élève pour utiliser correctement le vocabulaire spatial, les verbes d'action (tourner, traverser...).

Trace / évaluation : Photographier l'espace et poser la question à l'enfant : « À quoi joues-tu quand tu es dans cet espace ? » Écrire la réponse en dictée individuelle à l'adulte.

MOYENNE SECTION

Étape 1 : Jouer librement.

• **Comportements observables :**

– L'enfant invente seul des mises en scène. Il parle en jouant.

– Il crée des cadres.

– Il intègre des partenaires dans ses jeux.
– Il imite des pairs.
– Il imite des situations réelles.

Étape 2 : Décrire, expliquer son jeu à l'adulte.

- **Structurer ses phrases et utiliser un vocabulaire approprié :**

– L'enfant joue uniquement avec ses voitures ; l'adulte s'intègre dans son jeu, lui pose des questions sur son activité, l'aide à trouver les mots corrects et la bonne structure des phrases. Au terme de l'échange, il reprend la totalité du discours.

– L'enfant manipule voitures et blocs de bois : l'adulte reprend sa posture et sa conduite précédente. La présence des blocs de bois induit de nouvelles actions à raconter.

– L'enfant joue en combinant voitures, blocs de bois et couvercles de boîtes d'œufs (un arceau découpé pour symboliser la porte du garage). L'adulte reprend sa posture et sa conduite précédente. Il incite l'élève à décrire un parcours qui prend en compte la totalité des éléments.

Étape 3 : Créer un scénario dont le départ est imposé par l'adulte.

- **Suivre des tracés sinueux orientés :**

– Réaliser un parcours le plus long possible sur un support donné : l'enseignant a trempé les roues du véhicule dans la peinture et a tracé des routes, des carrefours. L'enfant part d'un point donné pour arrivée à un départ (d'un garage à un autre), tous deux définis par l'adulte.

– Réaliser un parcours sur le même support que précédemment mais le point de départ et l'arrivée sont annoncés par l'enfant. L'adulte l'aide à décrire son activité en utilisant les connecteurs « puis, alors, et après... ».

- **Se déplacer sur un labyrinthe : structurer la représentation de l'espace.**

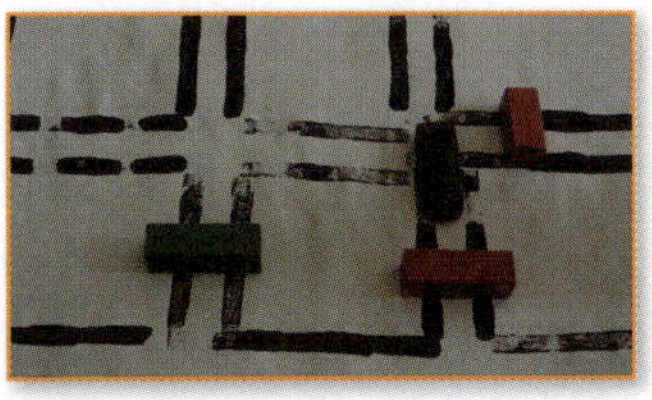

– Faire rouler son véhicule pour aller d'un point à un autre en se déplaçant en marche avant/arrière selon les besoins. Sur le parcours précédent, l'adulte dispose les garages et disperse des blocs de bois qui simulent des routes barrées car en travaux.

– Faire rouler son véhicule d'un point à un autre et tenir compte de la présence d'un pair : jouer à deux, éviter les travaux et les carambolages.

– Choisir son parcours : l'enfant place garages et blocs de bois à sa convenance. Il décrit son itinéraire.

• **Construire des itinéraires qui répondent à un récit dont le départ est imposé par l'adulte.**

– Disposer sur un tapis garages, blocs de bois et tronçons de route (réalisés dans du carton épais ou papier plastifié). Produire un parcours et suivre un itinéraire qui tient compte d'informations données par l'adulte, par exemple :

« C'est lundi, tu prends la voiture pour aller à l'école. Tu sors du garage et un peu plus loin, mince ! Elle tombe en panne (voiture de pompier, dépanneuse, ambulance, police sont accessibles). »

Étape 4 : Produire, aidé par l'adulte, l'intégralité d'un scénario.

• **Combiner des tronçons de route pour créer des circuits reliant bâtiments (magasin, école, garage, cinéma, piscine...) ou lieux (parc, parking, forêt...) et tracer des itinéraires.** Décrire à l'adulte son activité en étant le plus précis possible.

• **Produire, en compagnie de l'adulte, un scénario qui relate un événement, un problème, une solution et une fin.** Le scénario doit être le plus crédible possible. En fonction des capacités de l'enfant, l'adulte adapte le nombre de bâtiments imposé : deux, trois ou quatre. Il invente un récit qu'il joue devant l'élève : « Je sors du garage pour aller à la piscine avec mon copain. Je roule doucement. Oh non ! Il y a des travaux sur la route. Je fais une marche arrière et je prends un autre chemin. Oh non ! Il y a un embouteillage. Je fais encore une marche arrière et je trouve enfin une route qui me mène à la piscine. Pas de chance, quand nous arrivons, il se met à pleuvoir. “Ce n'est pas grave, dit mon copain, allons au cinéma !” Alors, je me suis garée devant le cinéma et on a vu un film très amusant. »

Trace / évaluation : Dessiner les étapes du récit et compléter en dictée à l'adulte.

GRANDE SECTION

Étape 1 : Jouer librement.

• **Comportements observables :**

– Il est capable de jouer longuement.

– Il va chercher ses pairs pour jouer avec lui.

– Il raconte à voix haute l'histoire qu'il imagine.

– Il questionne l'adulte pour valider une affirmation ou demander un renseignement : « Martin, il dit que les voitures à trois roues, ça existe. » ; « Pas vrai, maître, que... ».

– Il argumente, construit les scénarios en tenant compte des avis d'autrui.

– Il distribue des rôles et les garde sur plusieurs séances : « Toi, tu serais X et moi je serais Y. ».

– Il commence souvent ses jeux par « On ferait semblant que... », « On dirait... ».

Étape 2 : Différencier le réel de l'imaginaire.

• **Produire un récit réel :**

– Décrire les éléments, les événements à l'extérieur de l'école : organiser une sortie pour observer l'univers de la voiture et de la route. L'adulte encourage la pertinence des remarques, donne le vocabulaire approprié, aide à commenter les situations. Il prend des photographies.

– Relater des informations réelles vécues collectivement : un enfant se remémore une ou des observations ; le groupe valide la véracité du propos.

– Relater des informations réelles vécues individuellement : chacun son tour raconte un événement qu'il a vu dans un autre cadre que la sortie scolaire. L'adulte donne l'exemple.

L'adulte pose des questions pour enrichir le texte oral de l'enfant (« c'était où ? », « que faisait le conducteur ? »…), l'aide à structurer ses phrases. Quand l'élève a fini de parler, l'adulte reformule les propos pour présenter un récit correct à l'ensemble du groupe.

• **Produire un récit imaginaire :**

– Raconter une histoire inventée : un enfant narre devant un petit groupe une histoire qu'il a inventée. L'adulte commence à relater. L'enfant explique pour quelles raisons l'histoire ne peut être vraie et invente à son tour un récit imaginaire.

– Différencier événement réel / événement fictif : l'adulte explique à l'enfant qu'il peut raconter des histoires fausses mais qu'il faut l'annoncer ou au commencement ou à la fin du récit !

Manipuler la caisse des objets roulants et inventer des scénarii rocambolesques.

Étape 3 : Se documenter pour enrichir les rôles.

• **Attribuer une fonction à chaque engin roulant :**

– Énumérer, en présence de l'adulte, les types de véhicules observés dans la rue, les albums… et nommer leurs spécificités (couleur, taille, fonction…). Identifier les véhicules du bac.

– Définir, caractériser un rôle : l'enfant utilise des outils linguistiques appropriés à la situation (conditionnel présent et la subordonnée conditionnelle). L'adulte propose à l'enfant de rentrer dans la peau d'un personnage en commençant le récit par « Si j'étais… » (exemple : « Si j'étais un pompier, je conduirais un camion rouge avec un gyrophare sur le toit…). Il faut aider l'élève, si besoin, à donner le plus de détails possible.

– Accepter de jouer un rôle au sein d'un petit groupe : l'adulte distribue une fonction à chacun (pompier, facteur, éboueur...). Les enfants utilisent les véhicules sur le tapis (sans décor, routes, tracé...) et créent ensemble un scénario en utilisant le conditionnel et la subordonnée conditionnelle.

• **Manipuler un cadre enrichi pour induire de nouvelles manœuvres :**

– Identifier les besoins matériels : l'adulte propose de construire un cadre, un circuit pour faire rouler les véhicules. Les enfants cherchent dans les documentaires, les revues spécialisées, interrogent des parents d'élèves, des intervenants de l'école... pour connaître le nom des différents bâtiments rencontrés tout le long de la journée (exemple : le facteur a besoin d'un dépôt, d'une poste ; les éboueurs vont à la déchetterie...). Établir, en compagnie de l'adulte, une liste récapitulative.

– Fabriquer les bâtiments (des photos de façades collées sur des feuilles cartonnées pliées en deux), les disposer. L'enfant choisit un rôle et déplace son véhicule en décrivant de manière précise son trajet.

– Distribuer des rôles : les enfants jouent sous le regard de l'adulte. Ils choisissent eux-mêmes leur véhicule et créent leur scénario. L'adulte valide si l'histoire est crédible ou non.

Étape 4 : Produire des situations les plus réelles possible.

• **Sensibiliser à une approche du code de la route :**

– Repérer les panneaux proches de l'environnement scolaire : les enfants sortent dans la rue pour photographier tous les panneaux. Ils en donnent la signification ou la demandent à l'adulte. L'adulte explique la nécessité de la présence des panneaux. Ils observent si la conduite des véhicules est respectueuse de l'indication de ces derniers.

– Utiliser des panneaux : ajouter le panneau « stop » sur le circuit de la classe et demander aux élèves d'en tenir compte dans leurs déplacements. L'adulte, par la suite, présente dans un premier temps, les panneaux d'interdiction (sens interdit, interdit de se garer...) puis les panneaux de danger. Il les installe à sa convenance et observe le groupe de joueurs pour valider ou rectifier les déplacements.

• **Produire des situations les plus réelles possibles :** jouer à deux ou trois, se distribuer des rôles (pompier, ambulancier, taxi, gendarme...), inventer un récit et, quand celui-ci est abouti, le présenter à l'adulte. Ce dernier peut si besoin, rectifier, enrichir.

Trace / évaluation : Les enfants dessinent des étapes de leur histoire et dictent à l'adulte le texte à écrire.

L'espace jeux de construction

Du type planchettes en bois, éléments encastrables, tuyaux...

Progressivité

Petite section (réaliser une construction en respectant une consigne ou une contrainte)

- Étape 1 : Jouer librement.
- Étape 2 : Reproduire un modèle simple proposé par l'adulte.
- Étape 3 : Reproduire des modèles de plus en plus complexes.
- Étape 4 : Combiner les constructions maîtrisées pour en créer de nouvelles.

Moyenne section (comparer les constructions ayant des consignes complexes identiques, les reproduire)

- Étape 1 : Jouer librement.
- Étape 2 : Réaliser une construction en utilisant un nombre donné de pièces.
- Étape 3 : Comparer, imiter, reproduire les constructions de ses pairs.
- Étape 4 : Réaliser un animal imaginaire stable et expliquer la procédure pour qu'il puisse être reproduit par d'autres enfants.

Grande section (réfléchir ensemble à des stratégies)

- Étape 1 : Jouer librement.
- Étape 2 : Réaliser un défi individuel : comparer, décrire une construction imposée.
- Étape 3 : Réaliser un défi semi-collectif : comparer, décrire les constructions.
- Étape 4 : Réaliser un défi collectif : chercher ensemble des stratégies.

Exemple : le jeu des « tuyaux »

PETITE SECTION

Étape 1 : Jouer librement.

• **Comportements observables :**

– Chacun joue individuellement ; quelques pièces du jeu rassemblées entre les jambes.

– Il assemble de manière aléatoire.

– Il assemble le plus de pièces possible sur une seule construction.

– Il essaie inlassablement d'enchâsser deux pièces.

– Il produit toujours le même modèle.

– Il fabrique spontanément des assemblages pour figurer des armes.

– Il ne parle pas quand il joue.

– Il montre ses réalisations à l'adulte mais pas à ses pairs.

Étape 2 : Reproduire un modèle simple proposé par l'adulte.

• **Tenir compte d'un modèle réel :**

– Expérimenter librement pour comprendre le sens d'assemblage des pièces et les spécificités de certaines. L'adulte vérifie que l'enfant différencie la forme, la couleur, la taille des pièces.

– Assembler sur une seule construction la totalité des pièces donnés par l'adulte : l'adulte adapte le nombre selon les capacités et les progrès de chacun (cinq, sept...).

– Expérimenter toutes les manières possibles d'assembler un nombre donné de pièces par l'adulte : il commence par un petit nombre de pièces, par exemple quatre, et augmente celui-ci en fonction des réussites.

– Reproduire un modèle réel : l'adulte présente sa construction, la nomme (« j'ai construit une étoile ») et invite l'enfant à la reproduire de manière similaire. Quand ce dernier a réussi, le maître montre la création aux élèves qui fréquentent l'espace.

• **Tenir compte d'une photographie :**

– Reproduire le modèle précédent à partir d'une photographie grandeur nature : quand l'enfant a des difficultés, il pose les pièces une par une sur l'image.

– Reproduire le modèle précédent à partir d'une photographie miniature. L'adulte l'aide à verbaliser ses difficultés.

– Tenir compte uniquement de sa mémoire.

– Reproduire la construction en assemblant les pièces sans aide d'un modèle visuel.

– Expliquer à l'adulte les étapes de la construction.

Trace / évaluation : Tous les modèles proposés par l'adulte sont photocopiés en miniature. Dès que l'enfant réussit une construction, il colle une image réduite sur une feuille. Ajouter au fur et à mesure les photocopies pour faire prendre conscience à l'enfant du nombre de ses réussites.

Étape 3 : Reproduire des modèles de plus en plus complexes.

- **Tenir compte d'un modèle réel :**

– Échanger sur un assemblage, identifier les éléments : l'adulte présente une construction et demande à l'enfant de décrire : couleur, formes utilisées…

– Sélectionner tous les éléments pour réussir la construction : l'enfant, accompagné de l'adulte, récupère toutes les pièces dont il va avoir besoin.

– Expérimenter pour trouver les étapes de la construction : quand l'enfant a réussi, l'adulte verbalise le mode d'emploi (« D'abord tu as… puis… ensuite, et pour finir »).

- **Tenir compte d'une photographie :**

– Identifier le modèle précédent sur une photographie. L'adulte montre deux images ; une fidèle au modèle précédent et l'autre non. L'enfant saisit la photographie correcte et verbalise, aidé de l'adulte, les raisons pour lesquelles il est sûr de son choix.

– Reproduire le modèle précédent à partir d'une photographie grandeur nature pour une correspondance terme à terme des pièces si nécessaire.

– Reproduire le modèle précédent à partir d'une photographie miniature. L'adulte l'aide à verbaliser ses difficultés.

- **Tenir compte uniquement de sa mémoire :**

– Remettre dans l'ordre chronologique les trois étapes de la construction : « Quelle photo montre le début, le départ de la construction ?… ».

– Assembler les pièces selon la consigne orale de l'adulte : « D'abord, je veux que tu prennes la pièce jaune. Après, je veux que tu enfonces… »

– Se remémorer les étapes en observant sa construction finale.

– Construire en synchronisant description orale de l'étape et réalisation de l'étape : « Alors là, je prends ça et je le mets ici… ».

Trace / évaluation : Tous les modèles proposés par l'adulte sont photocopiés en miniature. Dès que l'enfant réussit une construction, il colle une image réduite sur une feuille. Ajouter au fur et à mesure les photocopies pour faire prendre conscience à l'enfant du nombre de ses réussites.

Étape 4 : Combiner les constructions maîtrisées pour en créer de nouvelles.

- **Chercher toutes les manières possibles d'assembler des modèles identiques :**

– Construire trois fois un même modèle et proposer des assemblages différents.

– Comparer les productions des pairs : pareil ou pas pareil ?

– Observer les trouvailles des pairs pour essayer de les reproduire.

- **Chercher toutes les manières possibles d'assembler trois modèles différents :**

– Identifier des modèles : l'adulte présente une construction et demande à l'enfant de quels modèles il s'est servi pour arriver à la réaliser. Isoler, en les suivant du doigt, les modèles sur la construction.

– Assembler trois modèles différents : l'enfant dit quels modèles il a choisis et les suit du doigt.

– Observer les assemblages des pairs : nommer les modèles utilisés.

- **Assembler des modèles et des pièces pour imaginer une machine :** la machine à bisous, la machine pour faire des bonbons... Expliquer à l'adulte le fonctionnement de la machine en suivant les tuyaux du bout des doigts.

Trace / évaluation : Prendre les réalisations des enfants en photographie.

MOYENNE SECTION

Étape 1 : Jouer librement.

- **Comportements observables :**

– Il construit individuellement mais utilise sa construction pour intégrer le jeu des pairs.

– Il assemble dans un but précis.

– Il aime montrer ce qu'il a construit aux autres élèves.

– Il reproduit souvent le même scénario de jeu.

– Il joue en utilisant un grand nombre de pièces.
– Il produit un modèle qui lui sert de support pour se raconter une histoire.

Étape 2 : Réaliser une construction en utilisant un nombre donné de pièces.

• **Reproduire une structure complexe de vingt pièces :**

– Observer un modèle réel : l'enfant reproduit le modèle réel présenté par l'adulte. Celui-ci lui donne l'ensemble des pièces nécessaires et aide l'enfant, si besoin, dans les étapes de construction.

– Identifier les pièces : l'enfant reproduit un autre modèle réel présenté par l'adulte mais ce dernier ne lui donne aucune indication sur les pièces.

– Reproduire sans le modèle réel : l'adulte présente une silhouette grandeur nature d'une construction. L'enfant, dans un premier temps, pose les pièces directement sur le papier, puis il les assemble à côté de la silhouette.

• **Assembler les pièces données (trente) :**

– Assembler les pièces selon son choix : l'enfant explique sommairement les étapes de construction.

– Assembler les pièces pour créer une structure la plus haute possible : il compare sa production à celles des autres élèves pour observer quelle est la plus haute des structures. Il propose plusieurs variantes.

– Assembler les pièces pour créer une structure la plus longue possible : il compare sa production à celle des autres élèves pour observer quelle est la plus longue des structures. Il propose plusieurs variantes.

Étape 3 : Comparer, imiter, reproduire les constructions de ses pairs.

• **Réaliser une construction en hauteur dont les appuis sont stables :**

– Combiner les pièces de son choix : l'enfant décide du nombre de pièces et de la hauteur.

– Comparer les productions : l'adulte aide à mettre en évidence les ressemblances et les différences.

– Reproduire la construction d'un pair : l'enfant choisit une création et la reproduit à l'identique.

• **Réaliser une construction haute, stabilisée, en utilisant la totalité des pièces données :**

– Combiner des éléments choisis par l'adulte : toutes les pièces doivent être assemblées. L'enfant peut chercher seul ou à deux.

– Comparer les productions : l'enfant observe quelle est la construction la plus haute. L'adulte aide à mettre en évidence les ressemblances et les différences.

– Reproduire la construction d'un pair : l'enfant choisit une création et la reproduit à l'identique. Selon les besoins de l'enfant, le pair qui a réalisé la plus haute construction peut l'aider en lui expliquant la procédure.

• **Réaliser une construction qui tient sur quatre appuis :**

– Combiner les pièces de son choix : l'enfant décide du nombre de pièces et de la hauteur. Il explique les étapes de construction.

– Comparer les constructions : l'adulte aide à mettre en évidence les ressemblances et les différences.

– Reproduire la construction d'un pair et ajouter des éléments : utiliser la base d'autrui pour réaliser une création qui soit la plus haute possible.

Trace / évaluation : Prendre des photographies des réalisations.

Étape 4 : Réaliser un animal imaginaire stable et expliquer la procédure pour qu'il puisse être reproduit par d'autres enfants.

• **Observer un modèle réel présenté par l'adulte :**

– Décrire les étapes de construction : le maître explique quel est cet animal fantastique et les pouvoirs qu'il détient. Il demande à l'élève de réfléchir aux étapes de la construction. Pour valider la réponse, la structure est démontée par morceaux puis reconstruite.

– Reproduire le modèle de l'adulte : l'adulte donne toutes les pièces dont l'enfant a besoin. Celui-ci explique d'abord oralement les étapes avant de commencer sa construction.

• **Observer un nouveau modèle photographié ayant la même base :**

– Décrire les étapes de construction : l'enfant observe la photo, montre du doigt le départ de la structure. Il décrit oralement les procédures de réalisation. L'adulte lui donne les pièces dont il a besoin.

– Reproduire à l'identique le modèle.

• **Créer des modèles :**

– Construire un animal imaginaire pouvant tenir stable sur deux ou plusieurs appuis. L'enfant décrit son animal, les pouvoirs qu'il détient. Il explique au maître les procédures de réalisation.

– Décrire les étapes de construction de l'animal imaginaire d'un pair : l'adulte demande à un enfant de nommer les procédures de réalisation.

– Reproduire l'animal imaginaire d'un pair : les créations sont photographiées au fur et à mesure et chaque enfant en choisit une à reproduire.

Trace / évaluation : « Le bestiaire fantastique ». Réaliser un imagier contenant la photographie de la construction, le nom de l'animal et la description de ses pouvoirs.

GRANDE SECTION

Réfléchir ensemble à des stratégies : les planchettes en bois

Étape 1 : Jouer librement.

- **Comportements observables :**

– Il assemble dans un but précis, pour que sa création serve un scénario déjà pensé entre pairs.

– Il réalise des constructions figuratives.

– Il émet des jugements de valeur : « Il est pas bien ton truc, il tient pas debout ! »

– Il intègre des personnages, des voitures, des jeux divers dans ses scénarios.

– Il cherche à inventer de nouveaux modèles.

– Il demande à autrui des conseils pour réaliser une construction : « Comment tu l'as fait ça ? »

– Il continue sa production le lendemain.

Étape 2 : Réaliser un défi individuel : comparer, décrire une construction imposée.

- **Réaliser une construction imposée :**

– Créer une maison en utilisant le nombre et les pièces de son choix : les enfants sont en petits groupes mais relèvent le défi individuellement.

– Comparer les productions pour en établir les ressemblances et les différences.

– Reproduire, seul ou aidé par un pair, la maison d'un tiers.

- **Réaliser une construction imposée ayant une contrainte :**

– Créer une maison en trois dimensions : les enfants sont en petits groupes mais relèvent le défi individuellement.

– Comparer les productions pour mettre en évidence les trouvailles de chacun. L'adulte photographie les résultats.

– Reproduire, de mémoire ou en s'aidant de la photo, la maison d'un tiers.

• **Réaliser une construction imposée en réinvestissant les stratégies des enfants :**

– Créer une maison qui reproduit les trouvailles de chacun.

– Identifier pour chaque maison les éléments des uns et des autres. Vérifier en observant les photos.

Trace / évaluation : Dessiner sa réalisation.

Étape 3 : Réaliser un défi semi-collectif : comparer, décrire les constructions.

• **Construire un élément, un objet de son choix :**

– Assembler les pièces nécessaires pour réaliser un objet ou un élément identifiable : les enfants cherchent à deux ou trois ; ils se cantonnent à la réalisation d'un seul objet ou élément. Pour que le défi soit réussi, l'adulte doit identifier facilement ce dont il s'agit.

– Assembler des pièces données par l'adulte pour réaliser un objet : les enfants, toujours par deux ou trois, fabriquent un objet qui doit intégrer la totalité des pièces. Comparer les constructions.

• **Construire selon le choix de l'adulte :**

– Assembler des pièces pour réaliser un bonhomme : les enfants cherchent, par deux ou trois, comment procéder pour réussir le défi.

– Comparer les productions : dire quelle est sa préférée, justifier son choix.

• **Analyser les modèles des constructeurs :**

– Réussir le plus vite possible un modèle choisi par l'adulte : les enfants, par groupes de deux ou trois, analysent le modèle du constructeur et le reproduisent. Ils ne doivent pas dépasser une certaine durée. Quand le laps de temps est fini, tous les groupes s'arrêtent pour comparer la progression de chacun. Analyser les difficultés et trouver ensemble les solutions pour terminer la construction.

– Réussir le plus vite possible un modèle choisi par le groupe : les groupes cessent de produire à la demande de l'adulte et observent les résultats des autres élèves. Pour que le défi soit réussi, la création doit être terminée et les groupes doivent identifier sur le dépliant de quelle construction il s'agit.

Étape 4 : Réaliser un défi collectif : chercher ensemble des stratégies.

• **Réaliser un pont sur le tapis :**

– Se documenter : regarder des photographies de ponts, lire des documentaires, nommer les parties qui composent les ponts (piles, arche, contreforts, parapet...). Chercher l'utilité des différents ponts.

– Construire des ponts : les enfants expérimentent plusieurs constructions sur le tapis. Ils confrontent les points de vue pour trouver le plus solide.

– Construire un pont : proposer à l'adulte un pont dont les caractéristiques sont visibles (piles, arches...).

- **Réaliser un pont qui enjambe une boîte :**

– Construire un pont qui enjambe une petite boîte : l'adulte distribue trois ou quatre boîtes identiques pour que les enfants proposent plusieurs solutions.

– Observer les résultats de tous les groupes : expliquer les stratégies mises en place pour que le pont enjambe la boîte.

– Construire un pont qui enjambe une boîte plus haute : l'adulte distribue trois ou quatre boîtes identiques pour que les enfants expérimentent plusieurs solutions. Il s'agit d'améliorer les stratégies précédentes. Lors de la confrontation des points de vue, les enfants doivent argumenter leurs propos.

- **Réaliser un pont qui relie deux boîtes de jeux :**

– Construire un seul pont dans la classe : il faut tenir compte de l'avis de chacun, argumenter, justifier ses choix.

– Valider le défi : faire rouler une voiture sur le pont.

> ***Trace / évaluation :*** Les étapes du pont sont photographiées au fur et à mesure. Les élèves les collent dans l'ordre chronologique et écrivent, en dictée à l'adulte, la description de la construction.

L'espace de la motricité fine

Enfilage, modelage, bricolage...

Progressivité

Petite section (développer les mouvements qui permettent une meilleure coordination de la main, des doigts, des yeux)

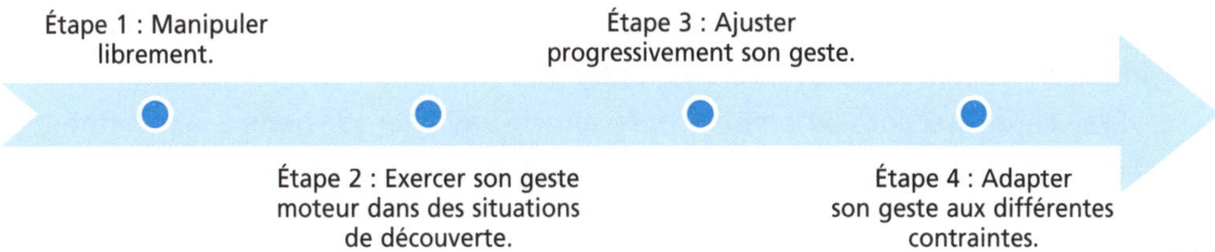

Moyenne section (exercer son geste moteur face à des difficultés adaptées)

- Étape 1 : Manipuler librement.
- Étape 2 : Expérimenter de nouveaux matériaux, gestes, outils.
- Étape 3 : Agir sur la matière en utilisant des techniques.
- Étape 4 : Combiner, multiplier les gestes pour créer une production originale.

Grande section (utiliser son habileté motrice à des fins expressives)

- Étape 1 : Manipuler librement.
- Étape 2 : Analyser les gestes d'un artiste.
- Étape 3 : Agir sur la matière.
- Étape 4 : Élaborer un projet artistique, une réalisation originale et personnelle.

Exemple : modelage : pâte à modeler, terre, pâte à papier...

PETITE SECTION

Étape 1 : Manipuler librement.

- **Comportements observables :**

– Il tape la table avec des boules de pâte à modeler.
– Il tape incessamment du poing sur la matière.
– Il évide la matière en déchiquetant des morceaux.
– Il écrase des tous petits bouts en utilisant son pouce.
– Il agglomère la matière pour faire un gros bloc.

Étape 2 : Exercer son geste moteur dans des situations de découverte.

- **Modeler des colombins :**

– Initier le geste : poursuivre le modelage du colombin démarré par l'adulte. Nommer l'action : il faut faire rouler la pâte à modeler sous la main.

– Varier les endroits de pression sur le colombin pour l'étirer de plus en plus : modeler des colombins de plus en plus longs.

– Exercer des pressions différentes sur la matière : adapter son geste à la quantité de matière prise au départ pour modeler des colombins de tailles différentes.

- **Transformer les colombins :**

– Écraser le bout du colombin pour obtenir un serpent. Le faire se déplacer en glissant/rampant sur la table.

– Expérimenter des transformations possibles du colombin : arceau, rond, ligne ondulée…

– Reproduire un modèle réel donné par l'adulte : l'escargot. Respecter les trois étapes : faire un colombin, l'enrouler et pincer pour les tentacules.

– Reproduire un modèle photographié : l'escargot. Au verso, le colombin et au recto, l'escargot. Nommer à chaque fois : « Pour faire un escargot, il faut un colombin. »

– S'entraîner : réaliser le plus d'escargots possible et les mettre en scène sur une boîte (en train de ramper dans différentes positions).

Trace / évaluation : Prendre en photo l'enfant et son escargot.
La photo du modèle est rangée dans une boîte : les enfants pourront s'en servir selon leur besoin.

- **Modeler des boules :**

– Initier le geste : poursuivre le modelage d'une boule commencée par l'adulte. Nommer l'action : il faut faire tourner la main.

– Doser la pression des doigts : réaliser des boules en pâte à modeler et les enfiler sur un cure-dents sans les écraser ou les déformer.

– Disposer des boules de différentes manières : en rond, les unes à la suite des autres, par deux, en pyramide…

– Reproduire un modèle réel donné : la chenille. Façonner quatre boules et ajouter deux colombins sur la première.

Trace / évaluation : Photographier les réussites.
Ajouter la photo de la chenille dans la boîte des référents.

Étape 3 : Ajuster progressivement son geste.

- **Combiner plusieurs opérations sur un seul bloc de matière :**

– Expérimenter des gestes : donner un gros morceau de pâte à modeler pour que l'enfant expérimente le plus de gestes possible. L'adulte nomme les trouvailles : pincer, creuser, trouer, tourner…

– Reproduire les gestes énoncés précédemment sur un support plus petit : le colombin.

– Reproduire un modèle réel donné par l'adulte : le poisson.

- **Utiliser des outils, des supports :**

– Expérimenter plusieurs outils et observer les traces (spatule, cure-pipe, bouchon, jeux de la classe...) : l'enfant a un gros bloc de matière pour laisser des traces ; les comparer avec celles de ses pairs. Associer traces et outils : « Avec quoi as-tu laissé cette trace ? Et lui ? De quoi s'est-il servi pour obtenir ce trou ? »

– Utiliser les outils sur des surfaces plus petites : le colombin et la boule. Comparer les résultats et chercher les traces identiques. Identifier les outils qui ont servi à tracer.

– Utiliser des éléments souples pour estamper : morceaux de corde, bolduc, laine, fil électrique... Observer les traces réalisées sur un bloc de matière. Utiliser les différents outils pour décorer escargot, chenille et poisson.

– Expérimenter des supports : faire rouler des boules, des colombins sur des supports variés : jeux de type Clipos, plaque de Lego, papier bulle, carton ondulé... Exercer une pression adaptée pour obtenir une trace sans écraser la matière.

- **Combiner des formes identiques :**

– Combiner des tronçons : utiliser des ciseaux pour découper des colombins en tronçons : combiner ces tronçons selon son choix.

– Reproduire un modèle réel (fleur) composé de colombins. L'adulte accompagne l'enfant étape par étape : réaliser des colombins, former un rond pour le cœur, former des arceaux pour les pétales, aplatir les extrémités pour coller, un colombin pour la tige, deux tronçons pour les feuilles.

– Reproduire le modèle sans l'adulte et utiliser des outils pour décorer la réalisation.

Étape 4 : Adapter son geste aux différentes contraintes.

- **Expérimenter le geste le plus adapté :**

– Expérimenter toutes les actions possibles sur une grosse boule de matière : creuser, étirer, pincer, appuyer...

– Observer des modèles réels et les reproduire à l'identique.

– Observer des modèles photographiés et les reproduire à l'identique.

- **Combiner différents éléments :**

– Combiner des éléments donnés : une boule, deux colombins /trois colombins, trois boules/ un colombin/trois boules... Observer les résultats. Ils sont pris en photo pour être reproduits par les pairs.

– Combiner les éléments donnés précédemment et y associer des outils pour de nouvelles actions.

– Reproduire un modèle donné (le panier) : creuser, former une anse en utilisant le colombin, estampiller pour décorer, modeler des boules à placer à l'intérieur.

– Créer de nouveaux paniers. Expliquer les procédures de réalisation.

- **Combiner différentes opérations :**

– Expérimenter le plus d'actions possible sur un cube de matière. Aider l'enfant à les nommer : enfoncer, étirer, trouer, pincer, tordre, vriller…

– Réaliser un monstre (à partir d'un cube) en respectant les étapes énoncées : trouer pour les yeux, étirer pour les cornes, pincer pour les oreilles, tordre pour les bras.

– Réaliser un monstre à l'identique du modèle précédent et décorer en utilisant des outils (jeux, capsule, cure-pipe, Coton-Tige, laine…).

– Créer de nouveaux monstres : à partir d'un cube, chacun imagine son monstre. Expliquer les étapes de réalisation.

Trace / évaluation : La galerie des portraits (photographier les différentes réalisations).

MOYENNE SECTION : L'ARGILE

Étape 1 : Manipuler librement.

- **Comportements observables :**

– Il prend plaisir à manipuler la matière ou au contraire n'apprécie pas du tout son contact.

– Il n'aime pas faire et défaire ; s'il choisit de continuer l'activité, il recommence une nouvelle production.

– Il évide dès le départ la matière et ne manipule qu'un petit bout.

– Il explore sensoriellement la matière en multipliant les actions : pétrir, enfoncer les doigts..

– Il réalise une forme concrète.

– Il est fier de sa production finale et interpelle l'adulte pour la montrer.

– Il échange peu pendant son activité car sa concentration est grande.

– Il se lasse vite.

Étape 2 : Expérimenter de nouveaux matériaux, gestes, outils.

- **Explorer une matière : approche sensorielle :**

– Multiplier les gestes : donner à chaque élève une tranche importante d'argile pour malaxer, pétrir, aplatir, morceler, agglomérer…

– Utiliser un vocabulaire adéquat pour décrire la nature du matériau et sa relation sensible : c'est dur, froid au départ, humide, souple, friable...

– Sensibiliser au changement d'état du matériau : l'argile est humide au départ et se sèche au fur et à mesure des manipulations. Il est nécessaire alors de l'humidifier (petit récipient dans lequel l'enfant trempe ses doigts).

- **Explorer des outils – approche technique :**

– Utiliser des outils de potier sur une plaque d'argile : ébauchoirs, rouleaux, spatules, mirettes. Les expérimenter. Décrire les gestes.

– Utiliser les mêmes outils sur un support différent : pyramide, cube. Échanger sur les différences de traces.

– Réaliser une pyramide, un cube ou une autre forme : l'adulte montre comment frapper le bloc d'argile sur la table dans tous les sens pour en modeler l'apparence. L'élève imite les gestes et quand il a réussi à obtenir une forme qui lui convient, il se sert des outils.

- **Expérimenter de nouveaux gestes :**

– Utiliser de nouveaux outils sur une plaque : peigne, fourchette, clou, coquillage...Observer les résultats et décrire les gestes (gratter, enfoncer, frotter...).

– Utiliser les mêmes outils sur le bloc de son choix : l'élève a à sa disposition un gros morceau d'argile qu'il façonne à sa convenance en le frappant. Il expérimente les outils sur le support réalisé.

– Sensibiliser à la notion de relief : observer les creux et les bosses créés par les outils. Pour en garder une trace, une fois les empreintes réalisées, déposer une feuille blanche sur la plaque, frotter avec les mains pour imprimer et soulever. L'opération réussit mieux en utilisant de l'argile rouge. Les traces obtenues peuvent être coloriées aux craies grasses, crayons de couleur ou pastels.

Étape 3 : Agir sur la matière en utilisant des techniques.

- **Estamper :**

– Estamper une plaque : utiliser des éléments naturels. Chercher dans la cour de récréation ou l'environnement proche, caillou, bâton, plumes, feuille... Ajouter des éléments : coquillage, fossile, pomme de pin... Varier les positions spatiales des éléments, réaliser des rythmes...

Utiliser les éléments de la classe : chercher des jeux, des objets (perles, cubes...) qui peuvent laisser des traces remarquables.

Doser la pression des doigts pour ne pas trop enfoncer l'élément.

– Estamper un volume fixe (la pyramide) : observer des reproductions de poteries romaines et décrire les décorations (tailles, formes, disposition et répétition des motifs). Utiliser les éléments cités précédemment et estamper la totalité d'un volume fixe.

– Estamper un volume mobile (la boule) : estamper un volume mobile demande plus de concentration et de dextérité. Exprimer ses difficultés : « C'est dur, ça bouge... »

- **Évider un volume :**

– Percer, trouer en traversant la matière : se servir de ses doigts puis d'outils. Verbaliser les actions : pour trouer un volume, il faut enfoncer.

– Creuser un bloc : se servir de ses mains, d'outils (ébauchoirs). Verbaliser : « Pour creuser, il faut enlever de l'argile. »

- **Assembler :**

– Ajouter de la matière sur une plaque : boules, colombins. L'élève utilise la technique de la barbotine. Il trempe son doigt dans un mélange eau/terre et frotte tout autour de l'élément à souder. Utiliser des outils pour décorer.

– Ajouter des éléments sur un volume (le visage) : former une pyramide avec un bloc d'argile. Ajouter colombins et boules pour réaliser un visage. Utiliser des outils pour compléter les actions.

– Réaliser un bas-relief (les animaux) : sur une plaque d'argile, l'enfant dessine avec un cure-dents un animal. Il ajoute de l'argile sur la forme pour créer du volume, il colle les morceaux en utilisant la barbotine. Il décore avec les outils de son choix. Laisser sécher à l'air libre. Décrire les étapes de réalisation.

Trace / évaluation : Une exposition permet de visualiser l'ensemble des réalisations (les productions éphémères ont été photographiées ou photocopiées quand cela était possible).

Étape 4 : Combiner, multiplier les gestes pour créer une production originale.

- **Ajouter/enlever de la matière sur un volume :**

– Assembler boules et matière : réaliser un bonhomme avec deux boules à assembler en utilisant la barbotine. Ajouter de la matière pour réaliser les éléments de son choix : chapeau, bouton...

– Assembler boules et éléments divers : réaliser un bonhomme en insérant les éléments de son choix (mousse, bâton, caillou...). Estamper selon son désir. Observer les différentes productions et comparer ressemblances /différences.

– Observer les sculptures de Toutain, remarquer que les disproportions des membres n'empêchent pas d'identifier un corps. Donner un bloc identique de matière à chacun avec comme consigne de réaliser un bonhomme : « À la fin du modelage, il faut reconnaître un bonhomme.» Les enfants ont à leur disposition des outils mais pas d'argile supplémentaire. Comparer les résultats et expliquer la démarche.

- **Diversifier les gestes :**

– Créer un bas-relief en tenant compte des contraintes données : chaque enfant a une plaque identique et un morceau d'argile. Il s'agit de réaliser un bonhomme sur la plaque (tête, buste, bras, jambe) en utilisant la totalité de la matière donnée. Il faut jouer sur le mouvement, le volume.

– Comparer à mi-réalisation les découvertes de chacun pour enrichir les gestes des uns et des autres. Expliquer les étapes réalisées et les gestes effectués.

– Décorer le cadre selon son souhait : estamper, gratter, griffer...

Les productions sont mises à sécher.

- **Combiner tous les éléments proposés :**

– Énoncer son projet : l'enfant dispose d'argile, outils divers, éléments naturels, jeux... Il doit créer un bonhomme selon son désir (deux ou trois dimensions). Il dit de quels matériaux, éléments, outils il a besoin pour créer son bonhomme. Il décrit les étapes de réalisation, les éléments dont il a besoin. L'adulte écrit en dictée individuelle sur une feuille pour faciliter la mémorisation.

– Réaliser son projet : il s'agit de multiplier les gestes et d'utiliser de manière pertinente matière, outils, éléments pour faire aboutir sa création.

– Comparer les réalisations : les productions sont présentées ; les élèves cherchent les ressemblances et les différences. Ils décrivent les gestes et les étapes de fabrication.

Trace / évaluation : Les productions sont exposées.

GRANDE SECTION

Étape 1 : Manipuler librement.

- **Comportements observables :**

– Il n'utilise pas forcément toute la matière : il en prend un peu pour réaliser de petites créations.

– Il prend plaisir à créer du concret : soleil, animaux...

– Il fait la même production que le pair assis à côté de lui.

– Il sait dire son projet quand l'adulte l'interroge : « Que fais-tu ? »

– Il demande du matériel s'il ne l'a pas devant les yeux : « Maîtresse, je peux avoir une spatule ? »

– Il compare sa création à celles de ses pairs : « Regarde ! moi j'ai mis... »

– Il demande de l'aide : « Tu peux me coller ces deux colombins ? »

Étape 2 : Analyser les gestes d'un artiste.

• **Observer les sculptures d'un artiste :**

– Observer de vrais modèles d'un adulte amateur : le maître apporte des réalisations et laisse les enfants prendre le temps de les toucher, de les observer, de les analyser et échanger leurs impressions entre eux. Ils décrivent les formes perçues, la taille, la couleur, les motifs de décoration. Ils énoncent les étapes de réalisation.

– Observer des modèles sur des images : le maître présente des reproductions d'Arp (opposant formes pleines et formes évidées). Les élèves les comparent aux précédents modèles et énumèrent les ressemblances et les différences.

– Dire sa préférence : l'élève argumente son choix.

• **Énoncer les étapes d'un projet :**

– Décrire les étapes de l'artiste : l'enfant choisit une reproduction et, accompagné de l'adulte, en cherche les différentes étapes de fabrication.

– Énoncer les étapes de son projet : l'enfant doit réfléchir à la création d'une sculpture inspirée de l'œuvre choisie. Il dit ce qu'il souhaite comme forme ; il nomme les techniques, les éléments à inclure... Il décrit, sous la dictée à l'adulte, son projet. L'adulte valide la faisabilité de son projet et l'aide à construire une création originale, aboutie et surtout réalisable.

– Dessiner son projet : à l'aide de crayons de couleur, l'enfant dessine sa production qui doit être fidèle à la description faite précédemment. L'adulte, si besoin, lui rappelle ce qui a été écrit.

Étape 3 : Agir sur la matière.

• **Faire des essais :**

– Réaliser en papier mâché une première sculpture en deux dimensions : mélanger colle à tapisserie, papier journal ou magazine et créer son volume. Il doit être fidèle au dessin. Prendre conscience des étapes de création.

– Réaliser une miniature en pâte à modeler : expérimenter les premiers gestes pour créer un volume en trois dimensions.

• **Élaborer une première création :**

– Réaliser son modelage en argile en respectant les étapes énoncées.

– Analyser les difficultés rencontrées : pourquoi ça ne tient pas ? Pourquoi ça ne colle pas ?...

– Réfléchir à des solutions face aux difficultés rencontrées : l'adulte accompagne l'enfant dans sa création.

• **Mettre en valeur son modelage :**

– Observer des reproductions d'artistes : Miró (recouvre uniformément sa sculpture), modelage africain (seulement estamper), Niky de Saint Phalle (polychrome)... et décrire leur procédure.

– Exprimer un choix : dire sa préférence et la justifier.

– Mettre en œuvre son choix.

– Présenter sa production à ses pairs en décrivant les étapes de réalisation.

Étape 4 : Élaborer un projet artistique, une réalisation originale et personnelle.

• **Constituer un musée de classe :**

– S'intéresser aux images : l'adulte apporte des reproductions d'œuvres d'art, des catalogues d'art... que l'enfant consulte à volonté. Il mémorise des formes qui vont nourrir son imaginaire.

– Échanger, dire sa préférence : il montre sa production préférée et argumente son choix.

– Établir des croquis : l'adulte laisse dans l'espace culturel feuilles et crayons à papier pour que l'enfant puisse reproduire certains modèles ou des parties de modèles.

• **Réaliser une ébauche de son projet artistique :**

– Dessiner un croquis ; échanger avec le maître pour en connaître la faisabilité. Écrire les étapes en dictée à l'adulte.

– Réaliser une maquette en pâte à modeler pour approcher les éventuelles difficultés.

• **Créer sa production originale et personnelle :**

– Réunir les outils, les éléments nécessaires à la création.

– Réaliser son projet : demander l'aide de l'adulte si besoin.

– Mettre en valeur sa production : décor, cire colorée, ajout d'élément...

– Présenter son œuvre et décrire les étapes de réalisation.

Les modelages sont exposés, commentés : identifier les ressemblances et les différences entre elles mais également avec les reproductions d'œuvres d'art de l'espace culturel.

Trace / évaluation : Organiser une exposition pour l'école, écrire un cartel (nom de l'œuvre, de l'auteur, outils et éléments utilisés).

L'espace marionnettes

Pour que l'enfant éprouve le besoin, le plaisir de communiquer en utilisant la marionnette, il faut qu'il ait vécu au préalable suffisamment de saynètes en tant que spectateur. Si ce n'est pas le cas :

- Il s'approprie l'objet comme doudou.
- Il s'en sert pour la faire bouger et dit quelques onomatopées.
- Il reste mutique, sa marionnette figée dans la main.
- Il ne raconte que des histoires de bagarre où son personnage ne sait que donner des coups de tête.

Jouer un scénario maîtrisé

PETITE SECTION

Étape 1 : Écouter plusieurs fois un court récit joué par l'adulte (deux marionnettes) sur le modèle question / réponse.

Étape 2 : Prêter sa voix à une marionnette : l'enfant choisit un personnage pour dire le récit en duo avec l'adulte.

Étape 3 : Prêter sa voix à une marionnette pour échanger en duo, en compagnie d'un pair. Les marionnettes sont laissées à libre disposition dès cette étape et leur présence permet ainsi d'entraîner les élèves à dire le récit. Quand celui-ci est maîtrisé, une représentation a lieu devant l'adulte ou un petit public.

Étape 4 : Écouter plusieurs fois d'autres courts récits, toujours joués par l'adulte, et qui font intervenir de nouveaux personnages. Au bout d'une dizaine de représentations, laisser l'ensemble des marionnettes à disposition des élèves pour qu'ils jouent les saynètes entre eux.

Trace / évaluation : Les élèves sont filmés.

Propositions / exemples de saynètes à jouer

- **Saynète 1** : 2 marionnettes (une grenouille et un poussin)

Poussin a froid, il grelotte.
— Bonjour Poussin, veux-tu jouer avec moi ?
— Non, j'ai trop froid.
— Veux-tu un manteau ?
— Oui, merci.
— Veux-tu jouer avec moi maintenant ?
— Non, j'ai encore trop froid !
— Veux-tu une écharpe ?
— Oui, merci.
— Veux-tu jouer avec moi maintenant ?
— Non, j'ai encore trop froid.

Le dialogue continue ainsi : la grenouille propose bottes, gants, bonnet mais la réponse du poussin est toujours identique.

Pour la chute, la grenouille propose :
— Veux-tu un chocolat chaud ?
— Oui, un très grand, s'il te plaît !

Poussin boit tout d'un coup, beaucoup trop vite. Il a mal au ventre, il veut vomir et rentre chez lui pour se reposer. La grenouille se retrouve seule :
— Tant pis ! Aujourd'hui je ne jouerai pas avec Poussin, je vais aller lire une histoire chez moi.

- **Saynète 2** : 2 marionnettes (une souris et une coccinelle)

Coccinelle a faim.
— Bonjour Coccinelle, veux-tu jouer avec moi ?
— Non, j'ai trop faim.
— Veux-tu un gâteau ?
— Oui, merci.
— Veux-tu jouer avec moi maintenant ?
— Non, j'ai encore faim.
— Veux-tu du chocolat ?
...

La scène se poursuit comme la précédente en respectant la catégorie des aliments. La chute est identique : la coccinelle a tellement mangé qu'elle vomit et la souris se retrouve seule pour aller jouer à la dînette.

• **Saynète 3** : 2 marionnettes (un écureuil et un cochon)

L'écureuil pleure.

— Pourquoi pleures-tu ?

— J'ai perdu ma noisette.

— Veux-tu que je t'aide à la chercher ?

— Oui, s'il te plaît !

— Est-elle sous la chaise ?

— Non, je ne la vois pas.

— Est-elle sur le tapis ?

Etc.

La chute :

— Tant pis, je ne l'ai pas trouvée mais si tu veux, je t'invite chez moi pour manger un bon gâteau aux noix.

MOYENNE SECTION
(inventer une saynète à partir d'une trame maîtrisée)

Étape 1 : Écouter quotidiennement l'adulte raconter les aventures succinctes de deux marionnettes comme héros d'une série sous la forme : « la dispute de Noisette et Bobo », « Noisette et Bobo vont à l'école », « Noisette et Bobo sont malades »... Le schéma narratif reste identique, à savoir :

– Les marionnettes s'entendent bien ;

– un problème survient ;

– les marionnettes se disputent ;

– le problème est résolu.

Faire identifier aux élèves la trame narrative.

Étape 2 : Prêter sa voix à une marionnette : l'enfant choisit un personnage pour narrer une aventure de son choix. Il est en duo avec l'adulte ; il adapte la voix et l'intonation lorsque cela est nécessaire.

Étape 3 : Prêter sa voix à une marionnette pour échanger en duo, en compagnie d'un pair. Les élèves s'entraînent à raconter les péripéties des personnages. Quand ils pensent maîtriser le récit, une représentation a lieu devant l'adulte ou un petit public.

Trace / évaluation : Dictée individuelle à l'adulte. Les photocopies des marionnettes sont collées et l'enfant dicte le récit en utilisant les pronoms personnels « il » ou « elle » pour parler des personnages.

Étape 4 : Inventer un scénario à partir de la trame narrative identifiée : l'enfant, accompagné de l'adulte, crée une nouvelle aventure pour les marionnettes. La représentation se fera en duo avec l'adulte.

Trace / évaluation : L'enfant dessine les étapes du récit et dicte à l'adulte le texte correspondant.

Propositions / exemples de saynètes à jouer

• **Saynète 1 :** Noisette et Bobo font du vélo.

Noisette et Bobo roulent ensemble en vélo.

N : Si on faisait la course ?

B : D'accord, c'est moi qui vais gagner, je suis très musclé !

N : Non, c'est moi, mon vélo roule plus vite que le tien. Ouf, ouf, ouf... tu vois, j'avais raison, j'ai gagné !

B : On recommence, c'est chouette le vélo ! On s'amuse vraiment bien ! C'est parti !

Noisette chute et perd la course. Elle râle.

N : Tu m'as poussée, tu l'as fait exprès pour que je perde.

B : Non, c'est faux !

N : Si, c'est ta faute ! Je ne suis plus ta copine !

Bobo retourne en arrière et voit une grosse pierre.

B : Regarde Noisette, tu as trébuché sur cette grosse pierre. C'est à cause d'elle que tu es tombée.

N : Oh la vilaine pierre, je vais la jeter très loin !!!! Voilà ! Je suis trop fatiguée pour continuer la course. Tu viens chez moi, on va manger un bon goûter !

B : Super ! Le vélo c'est chouette mais le goûter c'est mieux !

• **Saynète 2 :** Noisette et Bobo à la piscine

Noisette et Bobo nagent à la piscine.

N : Si on sautait du grand plongeoir ?

B : D'accord, tu commences le premier. Après, ce sera à mon tour. J'adore la piscine.

Noisette grimpe les escaliers et se retrouve très haut sur le plongeoir.

N : Bobo, ouvre bien grands tes yeux, je vais faire un looping. Plouf !

B : Aie !!! bouh ! Bouh ! J'ai de l'eau plein les yeux ! Ça pique ! Tu as fait exprès de plonger tout près de moi.

N : Mais pas du tout !

B : Si ! À cause de toi, je ne peux plus nager et j'ai mal aux yeux ! Je ne suis plus ton copain !

N : Attends, j'ai une idée, je vais demander des lunettes de piscine au maître-nageur.

Noisette part et revient, des lunettes à la main qu'elle passe sur le nez de son ami.

B : Ah ! Merci, ça va mieux ! Mais j'ai trop froid maintenant. Sortons et allons jouer au parc.

N : Super ! La piscine c'est chouette mais le toboggan c'est bien mieux !

GRANDE SECTION
(improviser des saynètes en respectant le statut narratif des personnages)

Étape 1 : Écouter quotidiennement l'adulte narrer les aventures de personnages stéréotypés (loup, sorcière, enfant, fée...). Au terme de plusieurs récits, définir ensemble les caractéristiques physiques et morales des personnages pour identifier un statut narratif.

Étape 2 : Improviser, sous la conduite de l'adulte, des petits dialogues entre deux ou trois personnages, en respectant leur statut narratif.

Étape 3 : Créer des marottes : choisir individuellement un personnage dont les caractéristiques morales et physiques seront définies en compagnie de l'adulte. Fabriquer ce personnage, par exemple :

- le dessiner, le plastifier ;
- découper une forme, coller divers matériaux ;
- utiliser des gants, des chaussettes, des bouteilles en plastique...

Présenter sa création à ses pairs en disant ce qu'elle est capable de faire : elle sait mentir, dérober, jouer des mauvais tours...

> ***Trace / évaluation :*** Produire des cartes d'identité pour chaque personnage.

Étape 4 : Improviser des saynètes, à deux ou trois, dont l'adulte narre le début : « L'histoire commence dans la forêt, il fait nuit et tu es perdu. »

> ***Trace / évaluation :*** Photographier les marionnettes dans les différentes étapes du récit pour créer des petits albums.

Propositions / exemples de statuts narratifs pour les personnages

– L'araignée : noire, velue, menteuse, attire les autres personnages dans sa toile pour les emprisonner.

– L'ogre : énorme, dents acérées, barbu, toujours affamé, grosse voix, grogne.

– La fée : belle, longs cheveux, chapeau pointu, baguette magique, voix douce, transforme les personnages, toujours de bon secours.

– Le hérisson : plein de piquants, très peureux, bafouille, bégaie, se met toujours en boule...

– La mamie : ridée, un chignon sur la tête, un panier au bras, a toujours de bonnes idées, dépanne tous les personnages...

L'espace graphisme

Les séances développées ont pour objectif de motiver l'élève à laisser des traces, de l'entraîner à maîtriser et à automatiser des gestes durant des activités réalisées en parfaite autonomie.

Ces scénarios sont un complément aux programmations d'activités graphiques ; ils ne sont pas suffisants pour atteindre les compétences dans le domaine mais ils permettent une évaluation diagnostique, une expérimentation individuelle, une production personnelle originale et un réinvestissement des apprentissages.

Progressivité

Petite section (incitations visuelles)

Étape 1 : Tracer librement.

Étape 2 : Induire des gestes sur des grands formats.

Étape 3 : Induire des gestes sur des petits formats.

Étape 4 : Induire des combinaisons de gestes.

Moyenne section (des formes à analyser)

Étape 1 : Tracer librement.

Étape 2 : Expérimenter et aider à verbaliser toutes les traces possibles en utilisant un objet de la classe.

Étape 3 : Automatiser des gestes en utilisant un objet de l'environnement proche.

Étape 4 : Anticiper une trace en observant un objet insolite.

Grande section (des tracés maîtrisés : jeux d'images)

Étape 1 : Tracer librement.

Étape 2 : Enrichir un projet annoncé.

Exemple

PETITE SECTION
(incitations visuelles)

Les scénarios sont identiques pour chaque piste graphique ou chaque activité sur petit format :

- L'enfant trace librement sur le support proposé ; l'adulte observe (les tracés réalisés, la tenue des outils, l'occupation de l'espace, la prise en compte ou non des formes incitatives).
- L'enfant montre sa trace et décrit son geste, l'adulte échange avec lui : « Montre-moi ce que tu as fait ? », « Comment as-tu fait ? » L'adulte transcrit verbalement le geste : « Tu as tracé des ronds, ta main a tourné. »
- L'enfant observe les autres tracés : en compagnie de l'adulte, il analyse ce qu'ont réalisé ses pairs (ressemblance / différence). L'adulte l'aide à verbaliser.
- L'enfant reproduit les tracés de ses pairs.
- L'enfant réinvestit les gestes : l'adulte installe une piste graphique identique mais vierge de tracés. Pour relancer l'intérêt, il suffit de déplacer certaines formes ou de moduler leur taille, leur couleur...

Pour les activités sur petits formats, le dispositif est maintenu tant que l'intérêt de l'enfant est constant.

Étape 1 : Tracer librement : l'enfant investit l'espace graphique selon son souhait.

- **Observer l'enfant tracer :**

– Il garde toujours le même outil en main.
– Il ne tient pas compte du support aménagé par l'adulte.
– Il trace en restant toujours au même endroit.
– Il ne fait aucune remarque sur ses tracés.
– Il prend les outils à pleine mains.
– Il ne varie pas ses tracés : essentiellement des gribouillages ou des traits...

Étape 2 : Induire des gestes sur des grands formats.

• **Tracer en déplaçant son corps sur des pistes graphiques :** elles doivent être suffisamment grandes pour que le déplacement du corps soit possible. Elles sont utilisées en parfaite autonomie, l'élève traçant à l'envie.

• **L'incitation visuelle doit permettre :**
– d'orienter la trace (par le choc visuel) ;
– de renouveler le plaisir (par la découverte de la nouveauté) ;
– d'aller de la trace à l'investissement de l'espace (par la grandeur du support) ;
– une première verbalisation de l'organisation des tracés.

Les pistes graphiques sont renouvelées une fois par semaine.

Étape 3 : Induire des gestes sur des petits formats.

Avec des outils attirants, des supports originaux et des matériaux attractifs dont les listes sont ci-dessous.

Étape 4 : Induire des combinaisons de gestes.

• **Présentation de plusieurs outils :**
L'enfant combine le plus de gestes possible. Il sait, accompagné de l'adulte, verbaliser son activité graphique et présenter ainsi sa production à ses pairs.
– Perforatrice, coton, feuille, craies grasses, colle.
– Ciseaux, chutes de papiers de couleur, bouts de laine, colle.
– Boutons, chutes de tissus, colle.
– Carton, gommettes, clou, craies grasses.

• **Présentation de plusieurs qualités de papier :**
L'enfant opère un tri dans la quantité de papiers proposés ; il aime choisir. Il explique ses préférences. Il est intéressant que ces papiers soient des chutes de découpage car des formes sont déjà présentes et induisent souvent des tracés.
Papier imprimé, papier unicolore, papier velours, brillant, mat... + ciseaux et colle.

• **Présentations de plusieurs formes :**
L'adulte prépare une boîte dans laquelle une seule forme est représentée (exemple, des ronds). L'enfant peut assembler, coller, tracer.

Exemple pour les ronds : des ronds en papier journal, kraft, des ronds évidés, tamponnés, des papiers perforés...

Exemples de pistes graphiques Petite Section

Support	Outils
Papier affiche noir.	Grosses craies de trottoir (25 mm).
Papier affiche dont les couleurs sont intercalées : noir, blanc, noir, blanc.	Charbon et grosses craies blanches.
Gros ronds de couleurs multicolores collés sur du kraft blanc.	Marqueurs à la gouache.
Gros ronds peints en noir sur fond blanc à l'aide d'une brosse très large.	Craies grasses gros calibre.
Papiers couleurs évidés de ronds collés sur une feuille blanche.	Pochons et gouache.
Cartons de bouteilles de supermarché (support troué) agrafés sur papier kraft.	Craies de trottoir.
Assiettes en carton collées sur kraft brun.	Morceaux de crépon trempés dans l'eau à frotter.
Gros yeux dessinés avec des expressions différentes, noir sur fond blanc.	Craies grasses noires.
Plusieurs ronds concentriques collés sur tout le support.	Marqueurs à la gouache.
Gros boutons dessinés sur fond blanc.	Doigts et gouache.
Formes ovoïdes géantes collées de manière dispersée.	Craies à la cire.
Sapins géants peints en vert.	Craies grasses gros calibre.
Guirlandes scotchées d'un bout à l'autre du support et qui s'entrecroisent.	Craies de trottoir.
Gommettes étoiles collées en grande quantité sur un support bleu.	Craies de tableau blanches.
Grandes bandes de papiers brillants collées par les enfants.	Marqueurs à la gouache.
Lignes sinueuses réalisées par l'élève en utilisant des petites voitures.	Gouache puis gros pinceaux brosses.
Points tamponnés avec des jeux de la classe.	Craies grasses gros calibre.
Différents volumes collés (rouleaux carton, bouchons, fonds de boîtes rondes).	Brosses à pocher et gouache.
Des volumes en papier collés (bandes en forme de pont, boules de papiers froissés).	Craies de trottoir.
Couronnes collées de manière aléatoire.	Marqueurs à l'encre.
Gommettes géométriques collées par les enfants.	Morceaux de crépon délavés à frotter.
Gros yeux dessinés avec des expressions différentes, blanc sur fond noir.	Craies grasses blanches.
Code barre géant peint en noir sur fond blanc.	Charbon et craies blanches.
Énorme carton ondulé agrafé au centre de la piste graphique.	Pinceaux brosses n° 24 et gouache.
Différentes formes géantes collées à l'aide de gomme fixe.	Feutres gros modules.

Ôter les formes géantes de la piste précédente.	Craies noires gros modules.
Mains géantes multicolores collées sur fond noir à l'aide de la gomme fixe.	Feutres gros modules.
Enlever les mains de la piste précédente.	Craies blanches.
L'enfant contourne (feutres gros modules) ses mains dans toutes les orientations possibles.	Craies grasses.
L'enfant trempe des bâtons dans de la peinture noire et laisse des traces. Il complète, une fois la piste graphique sèche, en utilisant des morceaux de charbon, du fusain.	
L'enfant manipule un rouleau pour que la trace parte d'une extrémité du support et arrive à une autre. L'enfant complète, une fois la piste graphique sèche, en utilisant des craies grasses.	
Dessiner des fleurs géantes.	Feutres gros modules.
Tracer des spirales noires sur fond blanc.	Feutres gros modules multicolores.

MOYENNE SECTION
(des formes a analyser)

Étape 1 : Tracer librement (l'enfant utilise le matériel autant de fois qu'il le désire et comme il le souhaite).

- **Observer l'enfant tracer :**

– Il occupe tout l'espace feuille.

– Il réinvestit les gestes appris.

– Il réalise souvent le même type de production.

– Il discute avec ses pairs de sujets autres que le domaine graphique en même temps qu'il trace.

– Il réalise une production pour emporter chez lui.

– Il combine outils, matériaux, sur une seule production.

Étape 2 : Expérimenter et aider à verbaliser toutes les traces possibles en utilisant un objet de la classe.

- **Un scénario identique pour tous les objets mis à disposition des élèves :**

– Contourner un seul objet en variant les orientations sur l'espace support : compléter en utilisant des traits, des ronds, du coloriage.

– Combiner plusieurs objets (de trois à cinq selon leur taille) pour créer des formes à contourner et compléter en utilisant des éléments graphiques.

– Décrire son activité.

– Tamponner (encreur) toutes les faces de l'objet + contourner les différentes faces sur un papier couleur et découper. Coller. Contourner l'objet (feutres, crayons de couleur).

– Imprimer l'objet (toutes les faces) dans l'argile rouge ; compléter en traçant des éléments réalisés à l'aide de cure-dents. Déposer une feuille par-dessus, frotter en déplaçant la main dans tous les sens ; retirer la feuille pour observer les empreintes. Compléter selon son souhait. Décrire les étapes de sa production ainsi que les gestes utilisés.

– Photographier des parties de l'objet, imprimer, plastifier pour créer un imagier graphique. Nommer : l'arceau des ciseaux, la ligne ondulée des pièces de puzzle...

Objets possibles de la classe pouvant être présentés : règle, Kapla, pièces de jeux de construction, ciseaux, crayons, pièces de puzzle, formes géométriques...

Étape 3 : Automatiser des gestes en utilisant un objet de l'environnement proche.

– Pour relancer l'intérêt de l'espace, les objets changent mais les gestes (contourner, prolonger, reproduire, découper...) restent identiques. En les répétant inlassablement, l'enfant les automatise et ose ainsi tracer de nouvelles formes pour enrichir ses productions.

– L'imagier graphique se poursuit.

– Objets possibles à présenter : fourchettes, petites cuillères, lacets de chaussure, petites boîtes alimentaires, boîtes à œufs, couvercles divers, clés, pinces à linge...

Étape 4 : Anticiper une trace en observant un objet insolite.

L'enfant observe l'objet et décrit ce qu'il va produire. Si l'adulte n'a pas échangé avant la réalisation, il le fait ultérieurement. Il utilise la forme de l'objet à sa guise et combine les gestes de son souhait. Il est capable, accompagné de l'adulte, d'expliquer comment l'objet l'a inspiré dans son tracé.

Objets insolites pouvant être présentés : fouet, presse-citron, marteau, serpillière, slip, chaussette...

Trace / évaluation : Les productions sont valorisées et affichées.

Des outils attirants

Quoi ?	Pourquoi ?
Des grands morceaux de chiffon	pour essuyer, frotter de la barbotine.
Les éléments ramassés dans la cour : cailloux, coquilles d'escargot, feuilles, bâtons	pour expérimenter le plus de gestes possible (gouache noire).
Des plumes	pour balayer tout l'espace feuille (+ encre dans des récipients).
Les jeux de la classe	pour faire glisser, tamponner.
Des fourchettes, des clous, des cure-dents	pour observer les points (pâte à modeler puis gouache).
De la cendre, de la terre	pour écraser.
Des bouts de crépon trempés dans l'eau	pour pincer, frotter et étaler sur tout l'espace feuille.
Des perforatrices	pour trouer et entourer.
Des ciseaux	pour entailler les bords du support, replier et tracer (craies).
De la ficelle	pour tremper dans la peinture et appuyer sur le support.
Du papier journal	pour froisser en boule et tamponner (gouache).
Du coton	pour tamponner.
Des chutes de carton plume	pour balayer.
Des bougies	pour des traces invisibles qui apparaissent par la suite grâce à l'encre.

Des supports originaux

Quoi ?	Pourquoi ?
Des feuilles de toutes formes : ronde, triangulaire...	pour relancer l'intérêt.
Des feuilles de tapisserie aux motifs divers	pour sensibiliser aux reliefs.
Du papier brillant	pour observer son reflet et tracer les éléments du visage.
Des t-shirts usagés	pour changer les motifs, en ajouter, en masquer...
Des ardoises	pour tracer, effacer...
Du papier aluminium	pour froisser et tracer sur les pliures.
Des CD	pour la forme circulaire.
Des enveloppes du courrier administratif	pour tenir compte des détails (adresse, timbre, tampon...) comme obstacles à éviter ou à masquer.

Des matériaux attractifs

Quoi ?	Pourquoi ?
De l'eau	pour observer les traces éphémères, qui disparaissent petit à petit.
De la buée	pour utiliser son doigt.
De l'argile, de la pâte à modeler	pour appuyer, creuser.
Du sable, de la farine	pour balayer de la main, de la tranche de la main, du doigt.
De la gouache et de la farine	pour une épaisseur à écraser, à étaler.
Du carton	pour graver, trouer en toute sérénité sans risque d'abîmer la table.

GRANDE SECTION
(des tracés maîtrisés, jeux d'images)

Étape 1 : Produire librement : l'enfant utilise le matériel autant de fois qu'il le désire et comme il le souhaite.

- **Observer l'enfant produire :**

– Il a un projet précis en tête : il choisit ses matériaux, ses outils…

– Il cesse son activité mais la reprend à un autre moment de la journée pour aboutir sa production.

– Il aime avoir du choix, des matériaux variés…

– Il a un objectif esthétique : il faut que cela soit beau.

– Il aime échanger avec ses pairs sur ce qu'il est en train de faire ou sur son projet.

Étape 2 : Enrichir un projet annoncé.

– L'enfant annonce un projet à l'adulte : matériel, outils, tracés…

– L'enfant réalise son projet et le présente à l'adulte.

– L'adulte propose d'enrichir la production en multipliant, diversifiant, combinant des tracés ou en utilisant des outils supplémentaires ou bien encore en s'inspirant de nouvelles images.

– L'enfant mesure l'écart entre son projet premier et sa production finale. Il décrit les étapes qu'il a ajoutées.

Pour animer l'espace graphique, les grandes sections auront à leur disposition tout un panel d'images dont le thème changera dès que l'intérêt faiblira.

Proposition de thèmes à présenter : les paysages des catalogues de voyage, les animaux, les fleurs, les visages, les meubles, des reproductions de tableaux, des photographies imprimées de l'environnement proche…

Trace / évaluation : L'enfant stocke des productions qui seront agrafées ou reliées ensemble.

L'espace sensoriel en petite section

Semoule, glands, marrons, noisettes, noix, pâtes, bouchons, eau…

Développement sensoriel et développement moteur sont étroitement liés car il ne peut y avoir action motrice que si l'enfant a pris des informations sur le monde qui l'entoure. De plus, pour appréhender les notions conceptuelles, l'enfant doit d'abord vivre par ses sens la réalité et les apprentissages. En petite section, l'espace sensoriel installé en permanence permet de solliciter et d'exercer les sens au quotidien.

En moyenne et grande sections, les élèves continuent à utiliser leur corps dans la construction du savoir mais les activités sensorielles sont intégrées dans les étapes des scénarii. Ainsi, à l'espace mathématiques, les enfants manipulent les formes avant de les nommer ; à l'espace sciences, ils expérimentent par le toucher, la vue, les objets avant de les classer…

Progressivité

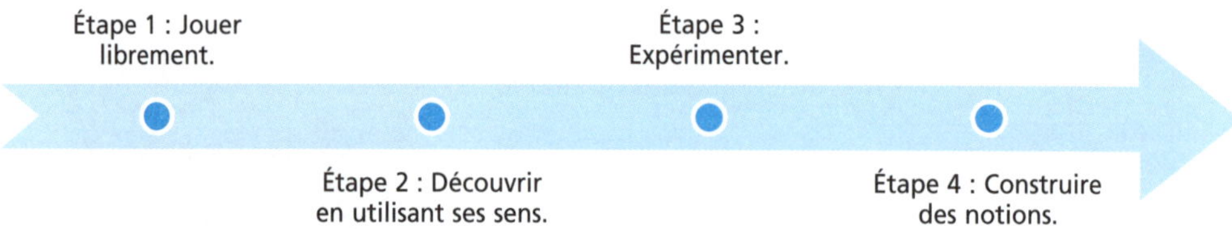

Exemple : les pâtes

Étape 1 : Jouer librement.

- **Comportements observables :**

– L'enfant plonge entièrement ses mains dans le bac.
– Il agite ses mains frénétiquement dans le bac.
– Il prend une poignée de pâtes qu'il déverse de sa hauteur.
– Il déverse les pâtes hors du bac.

– Il crée des petits tas à côté du bac.

– Il organise des formes : il prend des pâtes qu'il assemble sur le tapis en forme de rond, de soleil...

Étape 2 : Découvrir en utilisant ses sens.

- **Écouter les différences de sons : les yeux de l'enfant sont bandés (s'il ne supporte pas le loup, placer simplement les mains de l'adulte devant les yeux) :**

– Plonger les mains dans les pâtes : remuer en variant la vitesse des moulinets (lentement, vite, de plus en plus vite..). L'adulte verbalise : « Il y a beaucoup de bruit », « On entend à peine, juste un petit peu »...

– Déverser les pâtes d'une certaine hauteur : l'enfant prend dans ses mains des pâtes qu'il va déverser dans le bac, d'un seul coup dans un premier temps, puis de manière continue. L'adulte verbalise la différence de son : « Là, ça fait PLOUF ! », « Là, le son dure longtemps »... Déverser de manière identique mais en variant la quantité de pâtes dans la ou les mains : une pâte, peu de pâtes, beaucoup de pâtes...

Écouter les différences de sons les yeux ouverts : reproduire les séances précédentes sans le loup sur les yeux.

- **Développer le sens haptique :** les yeux de l'enfant sont bandés.
- **L'enfant décrit les sensations aidé de l'adulte (« ça chatouille », « c'est doux », « ça pique »...).**

– Immerger totalement les mains pour ressentir le poids des éléments (sur le dos des mains puis sur les paumes des mains).

– Immerger totalement les mains et frotter les pâtes en mouvement de va et vient pour ressentir les aspérités des éléments.

– Effleurer la surface du bac.

– Saisir des poignées de pâtes et les resserrer fortement. Saisir également une seule pâte puis deux. Varier les quantités dans chacune des mains pour mettre en opposition les sensations.

– Caresser la peau de l'enfant (bout des doigts, dos de la main, paume, joue) en utilisant une seule pâte.

– Repérer un objet caché dans le bac.

Les mêmes activités sont reproduites les yeux ouverts : nommer ou faire nommer les sensations.

Étape 3 : Expérimenter

- **Transporter les pâtes de différentes manières pour remplir un bac vide éloigné :**

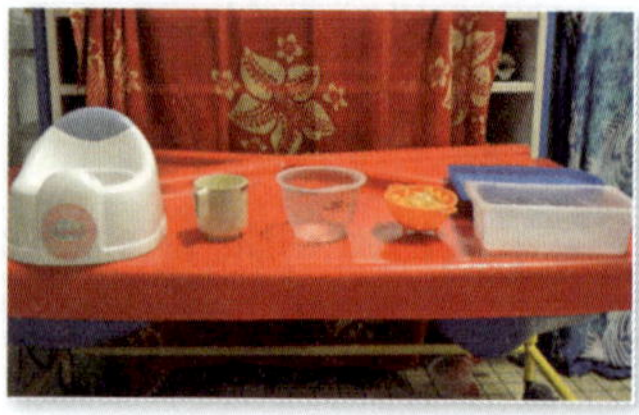

– En utilisant sa ou ses mains ;

– en utilisant ses bras ;

– en utilisant différents contenants : assiettes en plastique, verre, boîtes, louche...

– en utilisant différents outils : pinces variées, pinces à linge.

S'exprimer pendant les activités : « c'est facile », « pas facile », « ça va vite », « ça va doucement », « ça tombe »... Échanger autour des contenants les plus appropriés pour le transport des pâtes. S'exprimer pendant les activités : « c'est facile », « pas facile », « ça va vite », « ça va doucement », « ça tombe »... Échanger autour des contenants les plus appropriés pour le transport des pâtes.

- **Remplir en utilisant ses mains des contenants dont le volume et la taille varient énormément (petite tasse à café, pot de crème fraîche...) :**

Remplir des volumes contrastés aide l'enfant à estimer les quantités (seulement deux pâtes dans la tasse à café mais deux grosses poignées pour le pot). L'adulte l'accompagne dans ses découvertes (« il n'y en a pas beaucoup »...).

- **Transvaser :**

Donner des contenants ayant différents volumes à remplir et vider au-dessus du bac.

Étape 4 : Construire des notions.

- **Résoudre des problèmes de quantités :**

– Remplir en un seul voyage des récipients de volumes différents, éloignés du bac : l'enfant annonce par avance quel contenant il va choisir. Échanger sur les résultats.

– Remplir un récipient transparent sans que le niveau de pâtes ne dépasse une marque tracée par l'adulte. Aider l'enfant à verbaliser « trop », « pas assez »...

- **Découvrir des formes :**

– Créer des petits tas en utilisant la même variété de pâtes. L'adulte ajoute un intrus dans chaque tri : l'enfant les identifie. Réaliser également l'activité les yeux bandés.

– Enfoncer des pâtes dans l'argile ou la pâte à modeler : découvrir et observer la trace à côté de l'enfant.

– Réaliser des « encastrements » : l'adulte a imprimé des pâtes dans une plaque d'argile, l'enfant encastre correctement les pâtes.

– Apparier : l'adulte réalise une photocopie présentant chaque variété de pâtes. L'enfant apparie deux éléments ayant une forme identique.

Laisser sécher les plaques d'argile pour garder la trace des formes.

- **Organiser des éléments :**

– Disposer sur le tapis les éléments à sa convenance : en tas, alignés, éparpillés... L'adulte aide l'enfant à décrire l'organisation choisie.

– Réaliser une forme concrète : un rond, un soleil. Prendre des photographies.

L'espace moteur en petite section

Le besoin de mouvement est fondamental chez le jeune enfant : l'espace moteur constitue une réponse à ce besoin et permet également une meilleure connaissance des possibilités de son corps, une facilitation pour entrer en contact avec ses pairs, une extériorisation de son énergie pour être par la suite plus disponible pour les apprentissages.

Chez les plus grands, les temps de concentration s'allongeant, il devient plus facile de maîtriser son corps mais, cependant, le mouvement n'est pas exclu ou réprimé : il reste possible dans les déplacements d'un espace à l'autre et dans les différentes positions choisies (allongé sur un tapis, accoudé à une table pour observer...).

Progressivité

Période 1 : s'approprier un espace

Dispositif : les éléments sont éparpillés dans l'espace.

– S'équilibrer : se déplacer en utilisant des engins à pousser, à rouler.

– Se déplacer sur six appuis : un tunnel, des bancs recouverts de draps.

– Rebondir : des ballons sauteurs, des porteurs.

– Se balancer : la toupie.

Période 2 : réinvestir des situations vécues en séance gymnique collective (salle de jeu)

Dispositif : les éléments présentés ont déjà été utilisés pendant les séances d'EPS.

– Grimper / glisser : un petit toboggan.

– Enjamber : des roues, des cerceaux alignés.

– Ramper : des bancs.

– S'équilibrer sur deux appuis : une poutre.

Période 3 : développer le schéma corporel

Dispositif : les éléments ne doivent appartenir qu'à une seule catégorie, c'est-à-dire, selon les possibilités de l'école :

Au choix :

– Des blocs de mousse ferme.

– Des caissettes.

– Des briques en carton.

– Des cartons...

Pour :

– Porter, supporter, transporter, déplacer les éléments en utilisant toutes les parties de son corps.

– S'équilibrer, équilibrer des objets dans des situations de transport.

– Coopérer avec des partenaires.

– Construire, assembler, bâtir, démonter : des tours de plus en plus grandes, des maisons, des murs...

Période 4 : prendre conscience du travail, du mouvement des différents segments corporels

Dispositif : un aménagement de cordes à franchir (une cordothèque) comme, par exemple, des bancs, des tables renversés dont les pieds sont reliés par des cordes ; des cordes tendues d'un bout à l'autre de l'espace, des souricières traversées de cordes...

– Explorer tous les passages possibles : passer dessus, dessous, entre les cordes...

– Enchaîner des postures différentes : ramper, se relever, enjamber, s'accroupir...

– Prendre conscience du mouvement : ajouter des grelots suspendus, des foulards... qu'il faut éviter de toucher.

Période 5 : vivre des expériences sensorimotrices nouvelles pour développer les fonctions sensorielles (solliciter les différents sens à l'origine de la prise d'informations)

Dispositif : un aménagement de chemins sensoriels composés de moquette, carton ondulé/lisse, paillasson, carrelage, lino, tapis, coussin, serpillière, papier bulle mais aussi des bassines contenant des galets, des marrons, des coquillages, des branches, des gravillons, des pommes de pin, des perles, des guirlandes... des tuyaux d'arrosage en forme de serpent au sol (collés avec du scotch d'emballage)...

– Marcher pieds nus sur des sols stables : favoriser les sensations nouvelles.

– Marcher pieds nus sur des sols instables : mettre en jeu sa fonction d'équilibre.

– Marcher les yeux bandés et guidé par un autre enfant : déplacer la disposition des bassines pour surprendre et créer de nouvelles sensations.

L'espace maths en moyenne et grande sections

Un labo maths

Quoi ?

Constituer un espace « labo maths » est simple et rapide ! Il suffit de rassembler en un même lieu :

– Du matériel de classe ordinaire : jetons, cubes, bouliers, planches, jeux, dés...

– Des outils de travail : crayons, ciseaux, règle, équerre, rapporteur...

– Des supports de travail : feuilles blanches, quadrillées, calque, calendriers, supports numériques...

– Du matériel de mesure : sablier, balance, chronomètre, minuteur, réveil, décimètre, ficelle, récipients divers...

– Des jeux du commerce : tangrams, mathoeufs, jeux de société (cartes, plateaux), des casse-têtes...

Pourquoi ?

Le labo maths incite à la manipulation libre ou dirigée du matériel par les enfants. Les gestes induits seront forcément orientés vers des notions mathématiques prescrites dans les programmes 2015 : « Découvrir les nombres et leurs utilisations » et « Explorer des formes, des grandeurs, des suites organisées ».

Comment ?

La place de l'adulte dans le labo maths est à interroger. Des temps de jeu libre sont laissés aux enfants pour leur permettre de se familiariser avec le matériel ou bien de renouveler des expériences déjà vécues. Des temps plus dirigés sont également organisés, soit pour remotiver, redonner envie, soit pour aller plus loin sur une notion avec un seul élève ou un petit groupe.

Il est intéressant par ailleurs d'installer dans ce labo maths des défis (un par semaine par exemple) auxquels les enfants seront invités à répondre. Ces défis se présentent sous la forme d'expériences à faire ou de réflexions à mener sur des notions dans tous les domaines (numération, géométrie, grandeurs, logique).

Quelques défis pour pouvoir démarrer :

Le défi	Le matériel	La compétence
Réaliser le plus de tours différents avec le matériel mis à disposition.	Des cubes empilables ou encastrables de couleurs variées.	Élaborer une stratégie de construction efficace.
Gagner au jeu des fléchettes. Retrouver la place des flèches avec les jetons.	Une cible dessinée avec des scores : 5 pts au centre ; puis 4 cercles valant 4 pts, 3 pts, 2 pts puis 1 pt.	Composer, décomposer des collections.
Trouver le bac qui contient le plus d'objets.	2 bacs de petits jeux en nombre indénombrable.	Évaluer une collection.
Avec les bouchons, construire un mur.	Des bouchons de bouteilles de lait.	Mettre en œuvre une stratégie de construction efficace.
Avec les planchettes de bois, construire un pont sous lequel un camion peut passer et un autre sous lequel un piéton peut passer.	Des figurines de type Playmobil et des planchettes type Kapla.	Adapter sa construction.
Rapporter du magasin le nombre de fèves correspondant au nombre de galettes.	Des « galettes » en carton pour chaque élève et des fèves (dans un bac à distance).	Faire correspondre 2 quantités. Dénombrer.

Les pavages

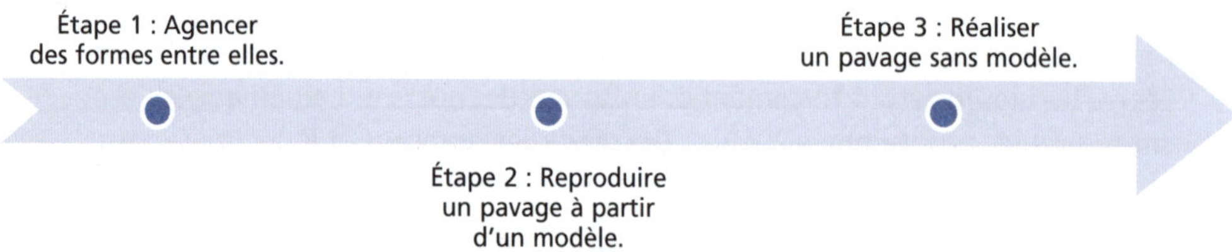

Étape 1 : Agencer des formes entre elles en tenant compte de leurs propriétés.

- Accoler librement des formes géométriques à plat, en identifiant les formes géométriques identiques.

> ***Trace / évaluation :*** Photo de la production à imprimer, puis choisir un graphisme pour chaque forme géométrique.

- Réaliser une forme figurative avec les formes géométriques.

> ***Trace / évaluation :*** Photo à imprimer, à reproduire avec des gommettes, en dessinant à main levée ou avec des formographes.

- Accoler des formes en respectant une contrainte : par leurs côtés / par leurs sommets / une seule figure géométrique / empilement / cheminement.

> ***Trace / évaluation :*** Photo de la production à compléter avec des gommettes en respectant la même contrainte.

Étape 2 : Reproduire un pavage à partir d'un modèle.

- Paver une surface avec un motif géométrique unique (trapèze) : modèle en couleur / modèle en graphisme avec chaque trapèze dessiné / modèle en graphisme avec des zones à remplir.
- Reproduire un pavage figuratif avec un modèle en dessous (jeu des toucans / jeu des Piky /tangrams / poissons).
- Reproduire un pavage figuratif avec un modèle à côté (géoformes : 4 niveaux de difficulté /bonhommes magnétiques).
- Paver une surface avec des dessins graphiques complexes (mosaïques).
- Paver une surface verticale à partir d'un modèle horizontal (jeu des ronds à empiler).

> ***Trace / évaluation :*** Photos + tableau double entrée.

Étape 3 : Réaliser un pavage sans modèle.

- Inventer un pavage avec un axe de symétrie (corde et mosaïques / bonhommes magnétiques).
- Inventer un pavage sur un quadrillage (jeu des Piky) et le reproduire.
- Remplir un poisson sans modèle en dessous.
- Réaliser un tangram à partir d'un modèle sans les formes dessinées.

- Remplir une surface avec des formes géométriques différentes sans modèle (Tétris).

Trace / évaluation : Dessiner son agencement sur un quadrillage et le colorier.

L'espace sciences en grande section

L'espace sciences est installé en permanence dans la classe. Le matériel présenté varie en fonction des notions à construire prévues par l'enseignant mais la démarche d'investigation reste identique. À savoir :

- **Une situation de départ** qui engendre un questionnement et pose une problématisation : les élèves manipulent librement, observent et questionnent.
- **Une situation d'investigation :** les élèvent trouvent des solutions.
- **Une situation de structuration :** après la formulation des connaissances construites, les élèves généralisent en réalisant un projet personnel.

L'utilisation des aimants et des engrenages est proposée pour une première mise en œuvre de l'espace scientifique.

Progressivité

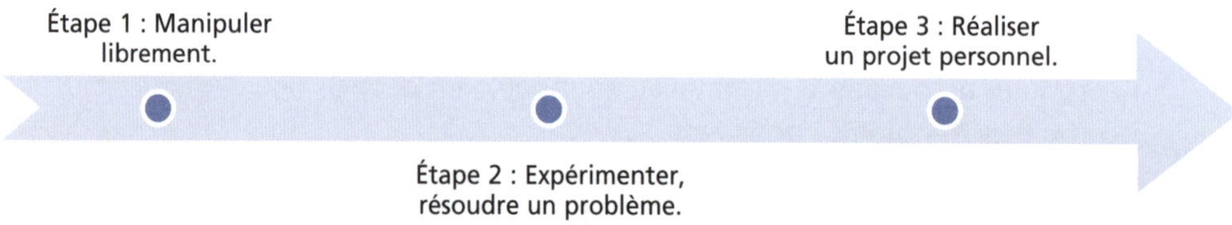

Les aimants

Étape 1 : Manipuler librement.

Disposer sur une table un lot de différents aimants ainsi que différents matériaux : trombones, clous, vis, fil électrique avec bouts dénudés ou non, ciseaux, bois, papier, tissus, punaises.

Étape 2 : Expérimenter, résoudre un problème.

– Trouver tous les endroits de la classe où l'aimant peut s'aimanter.

– Trier parmi les objets proposés par la maîtresse ceux qui s'aimantent et ceux qui ne s'aimantent pas.

– Trouver des solutions pour que les objets qui ne s'aimantaient pas lors de la première expérimentation restent accrochés à l'aimant (comment accrocher les objets entre eux).
– Sortir un trombone (ou une punaise) plongé dans un verre d'eau sans se mouiller les mains.
– Déplacer des objets ferreux à travers différentes surfaces avec des aimants (eau/farine/semoule).
– Tester des métaux (poudre de fer, de zinc, de nickel, d'acier, de cuivre, d'étain) pour conclure par ce qui fait qu'un objet est attiré ou non par l'aimant.

Trace / évaluation : Réaliser une affiche en dictée collective à l'adulte pour formaliser le savoir.

Étape 3 : Réaliser un projet personnel.

– Fabriquer un jeu de pêche à la ligne sur une thématique (choix des matériaux à fixer sur les objets).
– Fabriquer des jeux avec des personnages / véhicules à déplacer sur des supports à l'aide d'une baguette aimantée.

Trace / évaluation : Expliciter sa procédure.

Les engrenages

Étape 1 : Manipuler librement.

Disposer sur la table un lot de différents objets du quotidien avec des engrenages (fouet à manivelle, essoreuse à salade, tire-bouchon à levier, vélo, ascenseur du garage des voitures).

Trace / évaluation : Lister les finalités des engrenages (vitesse / force / distance).

Étape 2 : Expérimenter, résoudre un problème.

– Disposer des roues dentées de manière à faire tourner la dernière roue en utilisant la manivelle sur la première dans un plan horizontal (varier le nombre de roues selon les enfants).
– Idem, mais avec la roue de départ dans le sens horizontal et la roue finale dans le sens vertical. La dernière roue actionne une cloche pour appuyer la réussite de l'élève.

– Faire tourner deux roues éloignées sans qu'elles ne se touchent en utilisant des courroies.

Trace / évaluation : Légender des photographies pour expliciter la procédure.

Étape 3 : Réaliser un projet personnel.

Inventer un dispositif dans les plans horizontaux et verticaux en choisissant une action pour la roue finale : faire sonner un objet, faire tourner un objet (manège, grande roue), faire monter un objet (pont-levis, ascenseur, grue, garage avec porte qui se soulève, personnages avec les yeux qui tournent).

Trace / évaluation : Maquettes personnelles, photographies, explicitation des procédures.

L'espace lettres en grande section

Pourquoi ?

Un « espace lettres / sons » est, dans la classe, un lieu identifié pour aider les élèves à mémoriser les lettres, renforcer l'étude du code et les entraîner aux conversions graphème-phonème.

Il répond au principe de la méthode d'« habituation et réaction à la nouveauté » : il n'existait pas pour les étapes précédentes ; le matériel y est introduit progressivement. La démarche d'apprentissage pour toutes les conversions reste identique.

Quoi ?

Dans l'espace « lettres » l'enfant trouve :
– un vide-poche pour trier les images ;
– un imagier pour s'entraîner à identifier le ou les phonèmes étudiés ;
– une ardoise pour tracer et effacer ;
– des lettres rugueuses en cursive : cartonnées pour suivre du doigt le tracé, mobiles pour former la syllabe (« le bois des lettres ») ;
– une frise avec les trois écritures : pour avoir un référent ;
– le livre des phrases pour comprendre le lien oral-écrit et faciliter le travail de mémorisation ;
– des bandes autocollantes aimantées : pour laisser une trace de la ou des syllabes étudiées ;
– des sacs en tissu, des bandeaux : pour des jeux en aveugle.

Comment ?

L'espace est libre d'accès, soit le matériel est utilisé en autonomie, soit l'enseignant choisit un élève dont les besoins ont été identifiés.

Attention !

– Au choix de l'écriture : nous partons du principe qu'en CP les élèves écrivent en cursive. Le geste moteur est difficile à acquérir mais l'exploration tactile des lettres entraîne les enfants à le maîtriser plus aisément. Il faut donc présenter des lettres en format cursive. La lecture de textes se présente généralement en écriture d'imprimerie. Il est donc important de faire également manipuler aux élèves des lettres dans ce format.
– À l'explication donnée pour le sens du travail : « Pour apprendre à lire et à écrire, il faut entendre les sons dans les syllabes. Puis, il faut associer le son à une lettre ou à un groupe de lettres. Quand vous serez capable de le faire, vous arriverez à écrire tout seul des syllabes et vous pourrez lire des mots. »

Un suivi efficace de chaque élève

Pour avoir une observation fine dans les espaces et mesurer objectivement les progrès de chacun, l'adulte doit mettre en place des outils et faire évoluer sa posture. Les reportages photo proposés ci-dessous présentent en parallèle deux matinées d'enfants. Il est ainsi aisé de constater la diversité et la personnalisation des parcours des élèves.

Des parcours d'élèves

Le parcours de Noémie en classe de petite section

Dès son entrée en classe, elle se précipite à l'espace moteur : elle joue avec ses pairs, elle échange sur ce qu'elle est en train de faire.

L'enseignante discute dans le vestibule, les enfants répartis selon leurs souhaits.

L'enseignante réunit tous les élèves pour présenter brièvement le contenu des espaces et les adultes qui les ont en charge.

Le parcours d'Anis en classe de petite section

Dès son arrivée, il commence par l'espace sensoriel parce qu'il y rejoint une amie. Il transvase, plonge les mains, se sert de pinces pour transporter les pâtes. Il développe son habileté manuelle et sa coordination motrice. Il échange beaucoup sur ses actions avec ses pairs.

Elle se dirige vers Brigitte, l'ATSEM. Celle-ci lui propose une activité graphique pour finir la décoration de son cahier : elle apprend à utiliser correctement des outils. Brigitte l'aide à nommer ses actions : tamponner, à côté, au-dessus...

Quand elle a fini, elle passe devant la maîtresse qui l'interpelle pour écrire les lettres du mot Noël : elle apprend à nommer les lettres, à les tracer en respectant l'ordre. L'adulte ajoute une activité de conscience syllabique (elle sait que Noémie en est capable) pour prendre conscience des analogies sonores : Noël, c'est comme Noémie, Noah, Nono... Elle fait un lien rapide analogies orales / analogies écrites.

Elle a réussi parfaitement son activité d'écriture, l'enseignante la félicite et lui propose donc, de s'entraîner à écrire PAPA NOËL au tableau.

L'adulte vient le chercher pour observer et dessiner le poisson rouge de la classe, activité qu'il n'avait pas encore réalisée. Il apprend à nommer les éléments : nageoire, écailles. Il dessine le poisson. La maîtresse le questionne pour évaluer ce qu'il sait précisément du poisson. Il range sa feuille dans le casier.

Il va découper de son plein gré à l'espace graphique. Il parle du thème de Noël avec les enfants qui sont assis à côté de lui. Quand il a obtenu un grand nombre de bandes, il tamponne, colorie et range tout dans son casier.

Les outils proposés depuis plus de quinze jours : tampons, ciseaux, colle, spatule, feuilles, crayons gros calibres.

Il passe un très long moment à jouer au train, d'abord seul pour être finalement rejoint par d'autres enfants. Ils inventent un petit scénario autour de la panne du train. Ils sont en situation de jeu libre.

Elle ne l'écrit qu'une fois et choisit de faire des puzzles : elle manipule seule et ne communique avec personne.

Il se couche, il est fatigué : il fait des encastrements allongé sur un tapis.

Kévin, un stagiaire CAP Petite Enfance, qui ne l'a pas encore vue sur l'espace voiture, la sollicite. Elle accepte. Elle doit comprendre les consignes (contourner, éviter, rouler tout droit) et exerce son geste moteur.

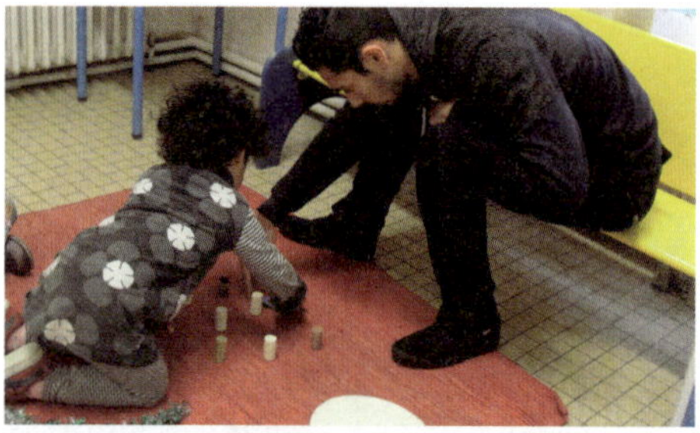

Il se déplace à l'espace moteur : il a visiblement récupéré de l'énergie. Il essaie de construire des ponts pour passer en dessous. Une séance avait été initiée la veille par un stagiaire.

Elle participe activement au rangement des espaces, même ceux qu'elle n'a pas fréquentés.

Il s'installe sur la chaise de l'enseignant et imite l'acte de lecteur et même les mimiques de la maîtresse.

Elle se joint au grand groupe mais elle accuse déjà des signes de fatigue. Elle écoute mais ne participe pas.

Avant de rejoindre la salle de sport, l'enseignante regroupe les élèves pour un temps rapide d'appel et la lecture d'un album.

Il participe activement au regroupement : il fait des remarques sur l'écrit. L'enseignante le félicite.

Ils terminent par la séance collective de sport.

Le parcours d'Alexis en moyenne section

Alexis commence la matinée à l'espace pavages. Il est en autonomie mais, la veille, l'enseignante a montré comment réaliser des cadres. Il en produit deux côte à côte sans aucune aide. Il ne communique avec personne.

Il s'était inscrit le matin pour cette activité.

L'enseignante est présente à l'espace lecture/écriture et l'ATSEM à l'espace graphique.

Le parcours de Julien en moyenne section

Julien commence sa matinée à l'espace construction où la consigne donnée par l'enseignante est : « Construire un pont en utilisant des buchettes en bois pour relier les deux boîtes ». Le début de l'activité est initié avec l'adulte et les enfants poursuivent leur recherche en autonomie.

Julien observe un petit moment et manifeste le désir de partir. L'adulte le lui refuse : elle lui rappelle que c'est une activité sur laquelle il s'est inscrit à l'accueil donc il doit la réaliser. Il assemble alors des pièces, échange sur les stratégies et quitte l'espace quand il a construit une pile dans sa totalité.

Après sa réussite, il se lève et passe devant la table d'observation où des élèves de grande section sont en train de trier des fèves par catégories : les fèves de Noël, les fèves bijoux, les fèves du Roi Lion... Il farfouille deux minutes dans la boîte et repart, sans participer à l'activité.

Alexis est un enfant « papillon » : il se déplace fréquemment d'un espace à un autre pour observer les comportements de ses pairs. L'enseignante le laisse agir : quand il n'est pas sur un espace animé par un adulte ou sur une activité pour laquelle il s'est inscrit, il peut gérer la forme et le temps de sa participation selon son souhait.

Il rejoint ensuite l'espace mathématiques et participe au jeu de l'oie avec la stagiaire. Il y reste 10 minutes mais, lassé, ne termine pas sa partie.

Il aurait dû aller jusqu'au bout car pour donner de la cohérence aux règles de jeu et respecter les joueurs, toute partie engagée doit se terminer. Il a profité de l'ignorance de la stagiaire sur le fonctionnement.

Il se dirige vers l'espace construction où une partie du pont en buchettes de bois, réalisé plus tôt par Marlon et Julien, s'est effondrée. Il se joint au groupe pour tenter de le réparer : il utilise la technique apprise le matin.

Il échange avec les enfants sur leur satisfaction commune de voir que la technique est opérationnelle. Il reste jusqu'à la construction totale du pont.

Il s'installe ensuite sur le tapis, seul, pour faire un puzzle où il faut compléter des moitiés de papillons. Il présente fièrement sa réalisation à l'enseignante.

Celle-ci l'interroge sur ses activités précédentes et lui rappelle les règles concernant les jeux de société. Pour le motiver à faire des efforts, elle lui propose de s'inscrire le lendemain pour une nouvelle partie de jeu de l'oie.

Il retourne ensuite manipuler les fèves. Au départ, il se joint à Titouann pour former des catégories. Il y reste longtemps et se retrouve finalement seul. Quand l'enseignante lui demande comment il a rangé les fèves, il explique qu'il a mis toutes les bleues ensemble, puis toutes les jaunes, toutes les vertes et toutes les roses également. L'enseignante lui annonce que la prochaine fois, il choisira un autre tri et il devra le représenter sur une feuille.

Il range son puzzle puis reste en compagnie de l'enseignante à l'espace lecture. Il associe des bonnets et des écharpes, ou des personnages de dos et de face (discrimination visuelle)

Il réussit parfaitement et manifeste clairement : « Tu vois, j'ai bien tout fini ! »

L'ATSEM vient le solliciter pour graver sa couronne à l'espace graphique. Il fait des commentaires sur ces tracés : « Là, je fais des points, là des traits. » Il utilise des outils fins et pointus qui lui demandent des efforts dans la préhension. L'adulte le félicite de ses tracés.

Il doit finir sa production avant d'aller dans un autre espace. Il n'en aura pas l'occasion puisque l'heure de la récréation a sonné.

Il achève sa matinée à l'espace graphique, accompagné de l'ATSEM, pour graver sa couronne.

Il doit finir sa production : l'ATSEM l'encourage pour qu'il aille au bout de sa tâche.

Le parcours d'Hugo en grande section	Le parcours d'Émilien en grande section
Hugo commence sa matinée en lisant un livre seul sur le banc. Il a eu un petit chagrin en se séparant de sa maman et préfère s'isoler. 	Émilien s'est inscrit pour participer au jeu de l'oie. Les règles ont été initiées deux jours auparavant par l'enseignante. Une stagiaire CAP Petite Enfance anime l'espace. Émilien enchaîne pendant un peu plus de trente minutes deux parties. 
Au bout de dix minutes, il se lève pour aller à l'espace graphique animé par l'ATSEM : il doit graver sa couronne pour la fête des rois. Il est très appliqué, il reste plus de 30 minutes. Il combine gravure, encre, découpage, collage selon son souhait.  Enfin, il s'installe sur le tapis en compagnie de ses amis et réalise un puzzle de plus de 80 pièces.	Puis il vient s'installer spontanément à l'espace lecture où se trouve l'enseignante. Sur un fichier autocorrectif, il faut associer des mots dont les écritures diffèrent ou déchiffrer des mots et les associer à l'image correspondante. Il enchaîne neuf fiches à la suite et reste jusqu'à l'heure de la récréation. Il fait des remarques très pertinentes sur l'écrit. Pour faire travailler sa mémoire orthographique, l'adulte lui propose d'écrire, l'après-midi, dans son cahier certains mots sans modèle. 

Des dispositifs collectifs au service des progrès de chacun

Les temps collectifs ont un intérêt indéniable car les enfants au même titre que les adultes sont des êtres interdépendants. En effet, non seulement ils se structurent les uns par rapport aux autres mais ils ont avant tout besoin de se sentir acceptés par le groupe pour révéler la dimension sociale de leur être. Les dispositifs classiques ne sont donc pas appelés à disparaître totalement mais certaines formules doivent évoluer pour que chaque élève se sente impliqué dans ce que l'adulte lui propose et pour que ces temps collectifs soient au service des progrès de chacun.

Outre les objectifs d'ordre social et langagier, la mise en œuvre des espaces confère au regroupement un statut essentiel de partage :

- Partager une réussite individuelle (« Que veux-tu nous montrer ? »).
- Partager une difficulté (« Pourquoi ça n'a pas marché ? »).
- Partager une méthodologie (« Comment as-tu fait ? »).

Film 9 – Comment développer l'appartenance à un groupe ?

Essentiel et primordial car ce temps de partage aide l'enfant à comprendre que l'absence du maître sur l'espace pendant la réalisation de sa production n'est pas problématique : le soutien de l'adulte est différé mais efficient.

Dans tous les cas, ces rencontres collectives permettent de faire émerger les procédures et de les faire évoluer puisque la verbalisation, la mise en mots accompagnée de l'adulte est au cœur des échanges.

Les dispositifs collectifs sont les suivants :

- **les apprentissages collectifs :** ce sont des temps où le groupe classe est réuni pour pratiquer une activité commune ;
- **les regroupements ritualisés :** ce sont des temps qui ponctuent la journée ;
- **des temps de présentation et de réussite personnelle :** ce sont des temps qui mettent en avant un exploit ou un défi.

Les apprentissages en collectif

La séance de sport peut rester en classe entière de la petite à la grande section ; cela dépend du nombre d'enseignants sur l'établissement pour la gestion des créneaux de la salle de jeu. Certaines écoles ont fait le choix d'intégrer les activités sportives dans les espaces. Dans ce cas, un adulte est toujours présent en salle de jeu pour animer la séance.

Des apprentissages spécifiques, comme le développement de la conscience phonologique en grande section, se pratiquent également en grand groupe : chacun profite ainsi des remarques du maître ou de l'élève lorsqu'il identifie, isole, nomme une syllabe ou un phonème.

La mémorisation et la pratique des chants, la chorale de l'école développent le plaisir d'interpréter un répertoire commun.

Rester vigilant pour que ces temps collectifs soient bénéfiques pour tous, ils ne doivent pas dépasser des durées de trente minutes, au risque de voir des besoins individuels bafoués.

Petite remarque sur les passages aux toilettes : Ils sont individualisés. Il est simplement demandé à l'enfant d'avertir un adulte quand il a besoin de quitter la classe (ceci afin de limiter le nombre d'enfants aux toilettes et de prévoir si l'élève a besoin d'aide ou pas).

Le regroupement ritualisé

Le regroupement, en particulier chez les plus jeunes, est un temps subi et contraint : souvent long, inconfortable, collectif et sans intérêt pour la grande majorité des élèves. Enchaîner appel, météo, date et présentation des consignes se révèle fastidieux, tant du côté de l'enseignant que des élèves.

En petite section

Le dispositif est allégé. Il a deux objectifs :

- **Se connaître, se reconnaître :** les enfants sont réunis quelques minutes avant de sortir dans la cour de récréation, pour un temps d'appel. Le maître montre la photographie de chacun et le groupe valide sa présence : « Avez-vous vu Eléana ce matin ? »
- **Partager ensemble un moment de plaisir, créer une mémoire commune :** l'adulte dit quelques comptines, lit une histoire ou joue une saynète en utilisant les marionnettes.

Pour veiller à ce que ce temps ne s'allonge pas au cours de l'année, il vaut mieux se regrouper deux ou trois fois dans la matinée plutôt qu'une seule et longue fois. Ainsi, dès le mois de janvier, dédier un premier regroupement ritualisé à l'appel et à la présentation rapide des espaces, un deuxième à un temps de partage (réussite, difficulté, procédure) et un troisième à la culture commune (comptine, chants, histoire...). Ces temps ne doivent pas dépasser quinze à vingt minutes.

Film 6 – Comment construire des référents communs ?

En moyenne et grande sections

La date, l'appel sont l'affaire d'un ou deux élèves. L'enseignant ne réunit rapidement le groupe que s'il doit présenter des nouveautés, des changements de consignes. Sinon, les élèves s'inscrivent, dès leur arrivée, grâce à des pictogrammes, sur un espace et commencent leur parcours. Comme pour la petite section, le groupe est rassemblé plusieurs fois dans la journée pour un contenu différent (temps de partage, culture commune...) mais toujours sur des durées les plus courtes possibles.

La notion d'exploit, de défi

L'éclatement des lieux, du temps, des places, des rôles peut avoir pour effet de passer à côté d'une réussite d'un enfant. Un élève qui, par exemple, aura passé un long moment à construire une figure va se dépêcher de la démonter lorsque l'adulte annoncera le temps du rangement. Celui-ci n'aura pas pris la pleine mesure de la production de l'élève. Pour valoriser l'activité de chacun et encourager les réussites, il faut développer la notion d'exploit ou de défi.

En petite section

À partir de la troisième période, quand l'élève maîtrise pour la première fois une activité, il interpelle l'adulte pour qu'il photographie sa production. Ainsi, à l'espace construction, il montre par exemple sa trouvaille. Ou encore à l'espace marionnettes, quand un enfant sait reproduire une saynète, il demande à la maîtresse de venir le voir ou de filmer sa prestation. L'espace moteur est également très valorisé : les élèves se cherchent des défis, organisent « des spectacles de cirque », se créent des mini-parcours et placent même des chaises pour que l'adulte et les autres spectateurs puissent s'asseoir.

Film 3 – Comment identifier toutes les réussites des enfants et les valoriser ?

En moyenne et grande sections

L'enfant manifeste son désir de montrer une réussite ou une nouveauté au groupe : « J'ai quelque chose à présenter ! »
Il peut le faire si deux conditions énoncées par l'enseignant sont réunies :
– Mettre en avant une réussite : il faut présenter un exploit (c'est-à-dire une activité que l'enfant n'arrivait pas à faire jusque-là) ou une nouveauté (une activité encore jamais réalisée dans la classe) ou la solution à un défi (lancé par le professeur des écoles).
– Mettre en mot la démarche : il faut qu'il soit capable d'expliquer les procédures qu'il a engagées pour cette réussite.
Le regroupement devient donc un temps de réussite personnelle, un lieu de présentation des « exploits » de chacun, un temps de partage cognitif.

Remarque :
La présentation de l'exploit ne se fait pas nécessairement dans l'espace regroupement, il arrive d'ailleurs que cela soit incompatible. Par exemple, à l'espace construction, si un élève a relevé le défi des planchettes de bois, sa production ne

peut être déplacée sous peine de destruction. C'est l'adulte et le reste du groupe qui viennent, après interpellation de l'enfant, observer le résultat.

Des outils pour la mise en œuvre

De nombreux outils sont proposés au lecteur dans les prochaines pages. Il s'agit de doter les enseignants de ressources efficaces et pertinentes telles que des grilles d'observation, des modalités pour rencontrer les familles, des outils pour garder les traces des parcours d'apprentissages des élèves ou encore des clefs pour construire des écrits professionnels.

Les grilles d'observation

Elles servent à vérifier la participation de l'élève aux activités proposées. L'adulte qui gère l'espace coche pour valider le passage de l'enfant ou fait des annotations sur ses apprentissages. Ces grilles donnent des informations importantes aux adultes car elles définissent un premier profil de l'enfant (ceux qui participent activement, ceux qui réitèrent l'activité, ceux qu'il faut solliciter...).

Elles sont nécessaires quand plusieurs adultes interviennent dans la classe, pour connaître le nom du prochain élève à interpeller et pour croiser les regards ainsi que les observations de chacun.

Prénoms	Où est-il ?	Avec qui ?	Que fait-il ?	Remarques sur les interactions langagières
Noémie	Dînette	Louna	Joue avec les bébés	Décide du scénario : toi tu serais..le bébé est malade, il faut le docteur...
Hugo	Pâte à modeler	seul	Reproduit l'escargot	Aucune
Taisya	Jeux de construction	Adulte (Brigitte) + Anis, Gabriel, Lilou	Reproduit les modèles les uns à la suite des autres	Uniquement avec l'adulte
...				

Ces grilles sont remplies au moins une fois par semaine. Elles renseignent sur l'activité effective des élèves et permettent une observation plus fine de chacun. Ainsi, l'enseignant met réellement en valeur la particularité comportementale et cognitive d'un individu. Il adapte sa préparation à chaque enfant, varie les consignes selon les fragilités ou les points forts de chacun.

Des modalités pour rencontrer les familles

- **Une réunion collective** en début d'année présente l'ensemble de l'équipe éducative et fait le point sur le fonctionnement général de l'établissement.
- **Des rendez-vous individuels :** les familles ont la possibilité de solliciter un entretien avec l'enseignant pour discuter uniquement de leur enfant. De même, le professeur des écoles propose une réunion aux parents qu'il n'a pas encore rencontrés. La fréquence de ces rendez-vous est aléatoire d'une famille à une autre : certaines ont besoin de faire un point à chaque période, d'autres une ou deux fois par an... Il est important de répondre favorablement à ces demandes pour communiquer sur les apprentissages de l'école et clarifier d'éventuels malentendus.

D'ailleurs, lors de ces entrevues, le maître lit un résumé écrit sur le comportement et les apprentissages de l'élève. Cet écrit formalise la réflexion qu'il nourrit sur leur enfant.

Il questionne les parents pour connaître leur point de vue sur ce qui a été lu : « Reconnaissez-vous votre enfant ? Êtes-vous surpris de ce que j'ai dit ? »

Il pose également deux questions :

> 1. Pourquoi avez-vous fait le choix d'inscrire votre enfant à l'école maternelle alors que celle-ci n'est pas obligatoire ?
> 2. Qu'attendez-vous de l'école ?

Cet entretien individuel est aussi un moment important pour permettre aux parents de parler des compétences des enfants à la maison et notamment de leurs réussites.

- **En moyenne et grande sections,** l'enseignant présente un questionnaire plus complet qui interroge à la fois les parents et l'élève. Pour que les réponses soient spontanées, le maître a questionné celui-ci, au préalable, dans la journée. L'enseignant demande à la famille que l'enfant, dans la mesure du possible, soit présent lors de l'échange. Il fait part aux parents, dans un premier temps, des réponses de ce dernier au questionnaire. Puis, dans un deuxième temps, il interroge la famille et prend des notes sur les paroles prononcées. Enfin le professeur des écoles livre ses observations concernant l'enfant : il lit les remarques et en débat en compagnie des parents.

Questions pour l'élève :

– Est-ce que tu te sens bien dans la classe ?
– Qu'est-ce que tu aimes le plus à l'école ?
– Qu'est-ce que tu aimes le moins ?

– Es-tu content de venir le matin ?
– Quels sont les enfants avec lesquels tu t'entends bien ? Ceux avec qui tu te disputes ?
– Trouves-tu que les adultes de l'école sont disponibles pour toi quand tu as besoin d'eux ?

Questions pour les parents :
– Que vous raconte votre enfant sur sa journée à l'école ?
– Selon vous, vient-il avec plaisir à l'école ?
– Lui arrive-t-il quand vous lui lisez un livre ou parlez d'un sujet précis de faire des liens avec des choses qu'il a faites à l'école ?
– Fait-il de nouvelles choses à la maison qu'il ne faisait pas ou peu avant ?
– Vous parle-t-il de ses copains ? Des enfants qui l'embêtent ?
– Quelles sont vos attentes, vos inquiétudes pour cette année scolaire ?

• **Échanges avec les parents autour des réussites et des difficultés de l'élève :**

Domaines	Réussites	Difficultés
Langage oral		
Langage écrit		
Outils pour construire sa pensée (nombres, formes, grandeurs, espace)		
Explorer le monde		
Activités physiques		
Activités artistiques		
Apprendre ensemble et vivre ensemble		

Deux autres points peuvent également être échangés avec les parents :
– Les leviers de progrès de l'élève pour l'année à venir.
– Ce que les parents peuvent faire à la maison pour aider leur enfant à mieux grandir.

• **Une école « ouverte »**

Les familles ont la possibilité de passer un moment dans l'école en compagnie des enfants : c'est la semaine « école ouverte ». Pour l'occasion, un emploi du temps grand format est collé dans le vestibule des parents et ces derniers peuvent s'inscrire sur les créneaux de leur choix pour assister aux différentes séances. Ils peuvent ainsi observer les élèves en situation et l'adulte profite du temps de récréation pour aider les familles à décrypter ce qu'elles ont vu et donner ainsi une meilleure lisibilité de l'école. Pour ne pas perturber le bon fonctionnement de la classe, il faut éviter d'accueillir plus de trois ou quatre parents sur une matinée. À chaque fin de période, il est aussi profitable d'inviter les familles pour assister à une prestation des élèves : chorale, danse, un spectacle de gymnastique, saynètes de marionnettes, une séance de philosophie… La durée des ces temps est courte (pas plus de vingt minutes) mais ils doivent être récurrents car le maître profite de ces rencontres pour expliquer les démarches, les objectifs, les difficultés, les réussites… et informer sur la multiplicité des formes d'apprentissage.

Les traces des parcours

Tout enfant, dans le cadre des espaces, doit savoir où il est et ce qui lui est proposé de faire. Ainsi, à l'école maternelle de Bram dans l'Aude, les enseignants ont mis au point pour chacun un livret regroupant l'ensemble des espaces et activités à disposition de l'enfant sur ce qu'ils nomment le « temps des espaces ». Chaque enfant circule librement dans la classe, son carnet de bord à la main, pour marquer la trace de son intervention dans les différents espaces. Pour cela, soit il est autonome et colle une gommette, soit il demande de l'aide à l'adulte (qui peut même,le cas échéant, tamponner ou valider la compétence).

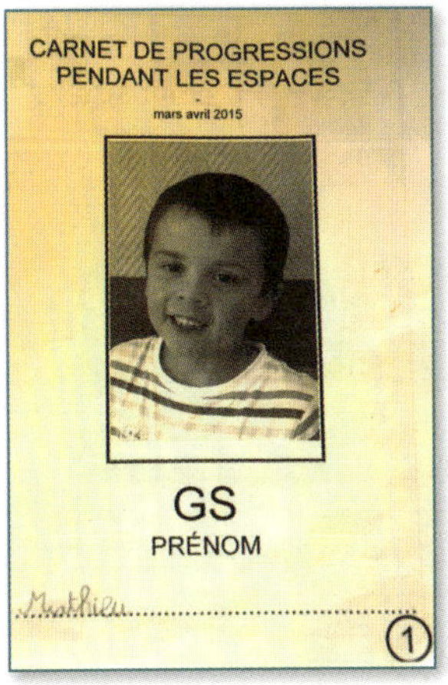

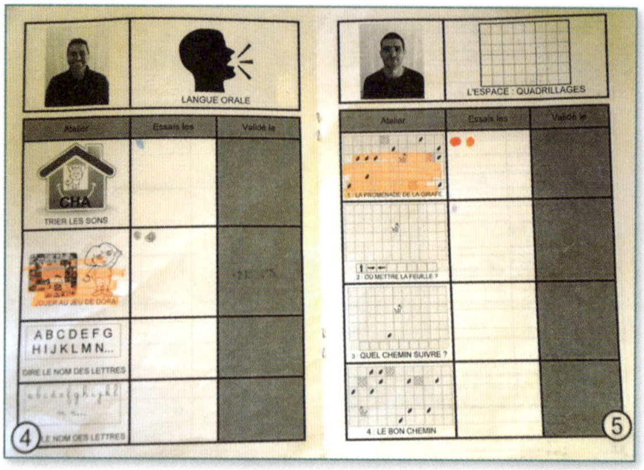
LANGUE ORALE
Atelier
Essais les
Validé le
TRIER LES SONS
JOUER AU JEU DE DORA
ABCDEFG
HIJKLMN...
DIRE LE NOM DES LETTRES
4
L'ESPACE : QUADRILLAGES
1 : LA PROMENADE DE LA GIRAFE
2 : OÙ METTRE LA FEUILLE ?
3 : QUEL CHEMIN SUIVRE ?
4 : LE BON CHEMIN
5

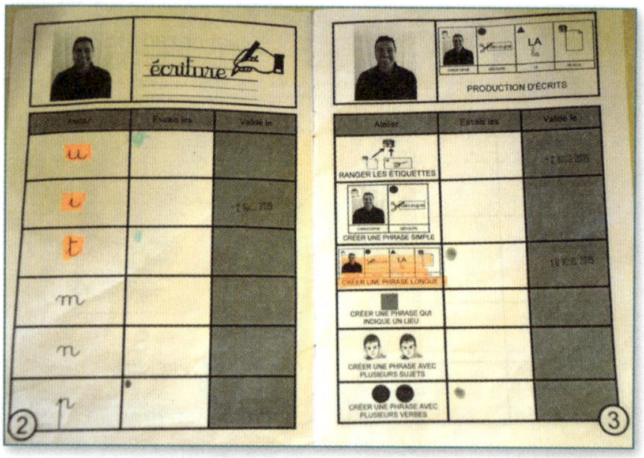
écriture
Validé le
u
i
t
m
n
p
2
PRODUCTION D'ÉCRITS
Atelier
Essais les
RANGER LES ÉTIQUETTES
CRÉER UNE PHRASE SIMPLE
CRÉER UNE PHRASE LONGUE
CRÉER UNE PHRASE QUI INDIQUE UN LIEU
CRÉER UNE PHRASE AVEC PLUSIEURS SUJETS
CRÉER UNE PHRASE AVEC PLUSIEURS VERBES
3

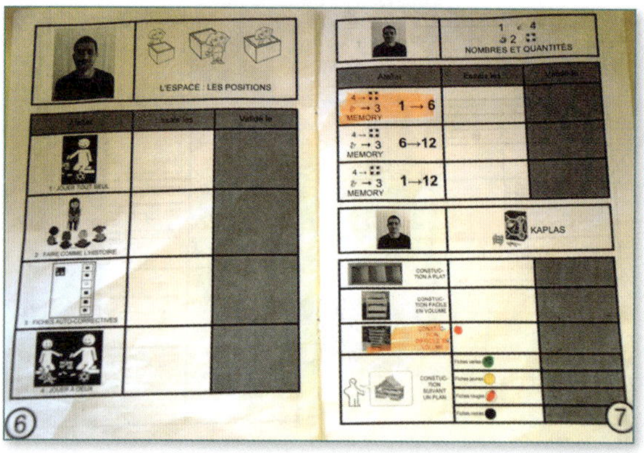
L'ESPACE : LES POSITIONS
Validé le
6
NOMBRES ET QUANTITÉS
MEMORY
1 → 6
6 → 12
1 → 12
KAPLAS
7

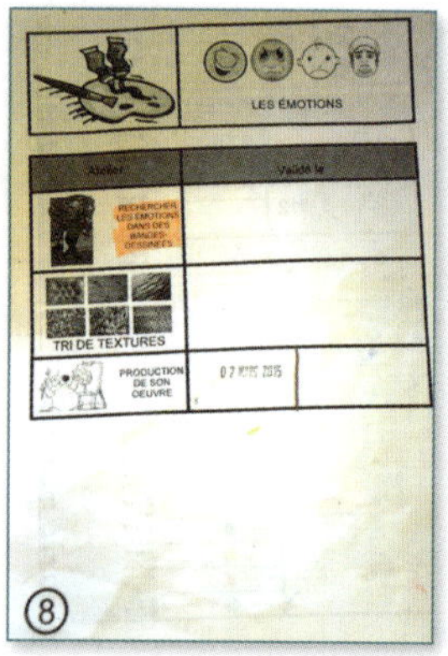
LES ÉMOTIONS
Atelier
Validé le
TRI DE TEXTURES
PRODUCTION DE SON OEUVRE
8

Les écrits professionnels, le portfolio

L'enseignant écrit ce qu'il pense de l'enfant, commente ses relations avec ses pairs, fait des remarques sur la manière dont il vit sa journée d'école mais également note la façon dont il rentre dans les apprentissages. Il dégage les points forts de l'élève et propose des solutions, des pistes pour améliorer les fragilités. Cet écrit doit être détaillé pour montrer l'importance de l'observation dans l'évaluation. Il est référé aux domaines des programmes.

Quelques photos illustrent les propos : elles montrent des réussites et sont commentées de deux ou trois lignes maximum.

À la lecture du portfolio, les parents ne doivent pas découvrir pour la première fois ce que le professeur des écoles pense de leur enfant. Au cours des nombreuses discussions dans le vestibule, l'enseignant a déjà eu la possibilité d'énoncer les réussites ou les difficultés de l'enfant.

L'écrit peut servir de base de discussion pour les rencontres individuelles parents/enseignant (par exemple si les familles sollicitent un rendez-vous juste avant ou après la remise du portfolio).

Il est complété par les différents enseignants tout le long de la scolarité en cycle 1.

L'ambition non cachée de ce type d'évaluation est bien la limitation des fiches et d'une pratique d'évaluation *ex nihilo* trop formelle et mal articulée.

Par rapport à une évaluation classique, le portfolio permet :

– Un degré de personnalisation élevé, une pertinence en fonction de l'âge, de la temporalité retenue, des reprises prévues. Il est le témoignage des expériences qui ont permis à chacun des enfants d'évoluer et non de compétences prédéfinies.

– De disposer d'un écrit qui porte sur les acquis et la connaissance du développement de l'élève et qui retrace sa progression.

– Une prise en compte des choix de l'enfant pour mettre en évidence ses tentatives, ses progrès et ses réussites.

Exemples d'écrits produits pour des élèves de moyenne section :

Calvin, compte-rendu premier semestre, moyenne section

Calvin n'a pas fréquenté de petite section et cependant, rapidement, il s'est senti à l'aise dans l'univers scolaire. Il est coopératif, toujours volontaire et très appliqué.

Il profite pleinement des espaces de la classe : ses préférés sont l'espace moteur (il aime bouger, sauter, grimper, courir... sans jamais manifester d'épuisement ou de signes de fatigue), les voitures et les circuits (il en construit de très ingénieux, seul ou en collaboration avec ses camarades) et les jeux de construction (il peut y rester des heures). Quand il est occupé à ces activités et que l'adulte l'interpelle pour une nouvelle production, il ne refuse jamais. Il se déplace même arborant un petit sourire aux coins des lèvres.

Il est soucieux de réussir ce qu'on lui demande. Il peut se concentrer longtemps. D'ailleurs, il éprouve du plaisir à apprendre et sourit également quand il est arrivé à aller au bout d'une tâche. Depuis le début de l'année, ses progrès sont remarquables dans tous les domaines : que ce soit pour les activités graphiques, les jeux mathématiques, la lecture d'album ou l'écriture, c'est un élève motivé et qui apprend vite.

Son point faible reste le langage oral. Il s'exprime en utilisant des phrases complexes mais a encore quelques difficultés de prononciation qui, cependant, ne le gênent pas pour communiquer avec les autres enfants. En revanche, quand il s'adresse aux adultes, il manifeste un peu de timidité. Il éprouve parfois du mal en compréhension générale : il a besoin que l'adulte lui dise les remarques en utilisant des mots ou des expressions différentes pour qu'il comprenne ce qu'on attend de lui. De même, lorsqu'il s'agit de donner son avis, commenter, justifier une réponse, Calvin donne l'impression de chercher ses mots et de ne pas avoir assez de vocabulaire à sa disposition pour énoncer sa pensée.

Il est sociable : il préfère jouer en groupe plutôt que seul. Il recherche la compagnie de ses camarades, tant dans la classe que dans la cour de récréation. Que ce soit sur une trottinette, sur le toboggan ou avec des ballons dans la main, Calvin est toujours en activité.

Il est respectueux des règles et se comporte de manière toujours correcte avec les adultes.

Ce qu'il faut retenir du premier trimestre : il a une bonne mémoire qui l'aide à être performant dans les apprentissages.

Maria, compte-rendu de premier semestre, moyenne section

Maria n'a jamais fréquenté de petite section et, cependant, elle s'est assez rapidement séparée du parent qui l'accompagne le matin sans trop de difficultés. Elle a longtemps eu besoin d'observer ce qu'il se passait autour d'elle : assise sur un banc, elle refusait de se mêler aux autres enfants ou de rejoindre l'adulte quand celui-ci le lui proposait. À partir de novembre, elle s'est sentie plus en confiance et, désormais, elle se déplace dans les espaces mais pas dans l'objectif d'entrer en contact. D'ailleurs les relations avec autrui ne sont pas évidentes : soit elle les ignore, soit elle est en conflit parce qu'elle veut récupérer, par exemple, un jeu. Comme elle n'utilise pas le langage pour s'exprimer, elle va bousculer, tirer, casser, déchirer ou crier.

Car l'expression orale est difficile pour Maria : elle fait preuve d'énormément de réserve quand elle est interrogée et refuse de parler. Pourtant parfois, elle ose « se lâcher » et énonce un mot ou une phrase, mais ces moments sont plutôt rares.

Elle profite des dispositifs que la classe lui présente : elle aime tracer à la craie sur le grand tableau mais ni peindre ni coller (ce qui peut salir les mains). Elle tient encore tous les outils à pleines mains. Elle joue aux jeux de construction mais ne veut pas faire les modèles suggérés par l'adulte. Elle apprécie, avant tout, les activités sensorielles : le bac à semoule, à sable ou à pâtes requiert toute son attention. Elle plonge inlassablement les mains et prend beaucoup de plaisir à verser, déverser, remplir. D'une manière générale, elle décide des règles et a du mal à tenir compte des consignes orales de l'adulte. Mais elle ne se met pas non plus en opposition. Quand la situation ne lui convient pas, elle quitte l'activité.

Elle a déjà montré de manière fugace qu'elle maîtrise certains apprentissages : nommer les lettres de l'alphabet, compter au moins jusqu'à 20, dénombrer de petites quantités (jusqu'à 5).

Les activités sportives sont laborieuses : son manque de tonicité et de coordination motrice l'empêche de franchir certains obstacles. Elle ne sait pas rebondir sur le trampoline, a du mal à sauter et son équilibre est fragile. Elle peut refuser certaines épreuves, comme l'équilibre ou grimper des marches uniquement sur deux appuis. Elle fait le parcours à son rythme mais semble prendre du plaisir à le réaliser. Maria participe aux activités collectives telles les rondes ou les petites danses.

Elle apprend l'autonomie et commence à faire des efforts pour se déshabiller et s'habiller sans aide. Elle a des comportements qui peuvent paraître sclérosés : le bonnet doit être enfoncé d'une certaine façon, le blouson fermé selon un certain rituel...

Point fort : elle apprécie la lecture et peut passer de longs moments à consulter les albums.

Pour les élèves : les feuilles collectives de réussite

Pour les plus jeunes, l'adulte inscrit un prénom sur une affiche collective lors d'une réussite et, pour les plus âgés, l'enfant coche lui-même une case correspondant à son résultat. L'élève mesure ainsi les écarts entre ce qu'il était capable de faire au départ et ce qu'il réalise à l'instant T. Chacun remplit le tableau au fur et à mesure de ses progrès.

À l'école maternelle Jean Moulin à Castelnaudary (Aude), Géraldine a fait le choix de construire pour ses élèves des « brevets ». Ainsi, chaque enfant dispose d'un petit livret où sont regroupées toutes les compétences à travailler en référence aux seuls jeux de la classe. On apprend en jouant, en s'exerçant. Les enfants peuvent s'entraîner autant de fois qu'ils le souhaitent puis font « valider » la compétence acquise à l'enseignante toujours disponible pour les aider à avancer, les encourager et les amener à une réussite individuelle.

Film 1 – Comment individualiser le travail de l'élève ?

Voici un exemple de pages de « brevet » pour les élèves de grande section :

DÉCOUVRIR L'ÉCRIT. Aborder le principe alphabétique. CAPITALES D'IMPRIMERIE.			
Je suis capable de retrouver les formes des lettres à encastrer.	Je suis capable de retrouver les lettres à partir de leurs formes à encastrer en respectant l'ordre alphabétique.	Je suis capable de ranger les lettres dans l'ordre alphabétique (avec modèle).	Je suis capable de ranger les lettres dans l'ordre alphabétique (sans modèle).

validé le	validé le	validé le	validé le ....

APPROCHER LES QUANTITÉS. **Je suis capable d'associer une quantité à son écriture chiffrée.**
De 1 à 5.

Les boîtes à compter		Plateau de jeu	
avec bande numérique	sans bande numérique	avec bande numérique	sans bande numérique
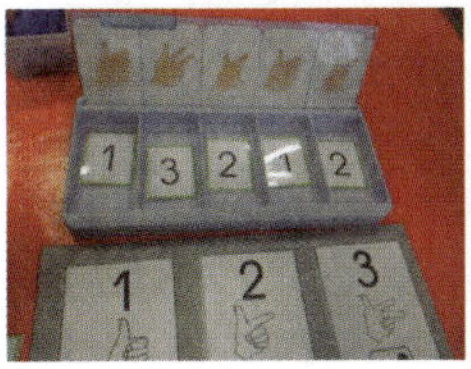			
validé le ……………………………	validé le ……………………………	validé le ……………………………	validé le ……………………………

Je crée des collections	
avec bande numérique	sans bande numérique

validé le ……………………………	validé le ……………………………

Pour les élèves : des fiches modèles à reproduire : à l'espace modelage, construction...

Dans quelques espaces, l'adulte propose un modèle à reproduire puis, au fil des semaines, les nouvelles réalisations des élèves ont photographiées, affichées et constituent à leur tour des référents.

Ces référents communs, au-delà de donner une identité et une fonction à l'espace, permettent aux enfants d'interagir plus facilement entre eux : ils ont un matériel à partager dont le fonctionnement a déjà été initié. Ils deviennent souvent plus imaginatifs quand ils maîtrisent un modèle, puisqu'ils s'en servent pour de nouvelles découvertes. Ces créations font l'objet d'échanges entre enseignant et enfant pour devenir à leur tour des référents qui seront nommés (par exemple, « la girafe de Mathys » à l'espace construction).

➤ Film 6 – Comment construire des référents communs ?

Une valise pour entrer au CP

Elle présente les acquis des élèves concrétisés par des outils qu'ils connaissent :

– L'alphabet, les mots maîtrisés, les sons, syllabes (graphie/phonie, phonie/graphie).

– Une bande numérique qui témoigne de la maîtrise de la comptine.

– Imagiers, témoins du langage oral.

– Les outils qu'il maîtrise (crayon...).

– Tous les contenus de la valise pour le cours préparatoire ont une visée projective pour l'enfant et sa famille et témoignent de ce qu'il sait faire individuellement, de manière concrète, dans les domaines retenus par l'enseignant et qui coïncident avec les apprentissages qui seront menés de manière systématique au cours préparatoire.

Dans le cadre de la liaison, il faut joindre aussi les cahiers collectifs (littérature, culture, cahier de vie collectif).

Pour finir : Les questions les plus fréquentes

Quelles rotations dans la semaine pour les ateliers ?

Il faut savoir s'adapter et être souple dans le fonctionnement, d'où l'intérêt d'une observation fine. Mais, plus l'enfant est jeune, plus la configuration des espaces doit rester stable car il lui faut du temps pour s'approprier des lieux, des décors, des fonctionnements, prendre des informations et les stocker en mémoire. Des changements trop rapides, des nouveautés qui se succèdent agissent comme un excitant (et non comme un stimulant) sur les compétences perceptives de l'enfant. E. Gentaz, dans son ouvrage *La main, le cerveau et le toucher,* présente la méthode d'habituation et de réaction à la nouveauté « qui s'appuie sur un principe simple et universel qui est le désintérêt progressif que nous manifestons pour un objet familier et le regain d'attention que nous avons pour un objet nouveau ». Il a étudié le comportement des nourrissons :

> *« Tout ce qui est nouveau les intéresse... à condition toutefois que ce ne soit pas trop nouveau. Tout se passe en effet comme si les nouveau-nés aimaient bien en fait comparer ce qu'ils connaissent déjà à ce qu'ils ne connaissent pas. Les savoirs nouveaux s'organisent par rapport aux savoirs anciens et la mémoire joue donc un rôle considérable dans cette boulimie de nouveauté et cette mise en place de connaissances nouvelles. » (p. 13)*

Comment contrôler le passage de tous les élèves sur une activité ?

Les grilles pour cocher le passage de chacun permettent un suivi individuel mais progressivement, pour un adulte observateur, les déplacements des élèves sont presque sans surprise. En effet, il pourrait énoncer les yeux fermés qui se dirige en premier à l'espace moteur, qui suit toujours un adulte, qui reste avec ses amis, qui lâche tout dès qu'il voit le maître installer les pots de peinture... Il faut se détacher du facteur temps : ce qui n'a pas été fait sous une forme (laisser des traces à la piste graphique) se fera sous une autre (faire rouler les voitures dans le sable et observer), et ce qui n'est pas réalisé le lundi ne se fera peut-être qu'en fin de semaine, voire plus tard. Il faut avant tout repérer les enfants les plus discrets, ceux que ne font pas de bruit et se font oublier, pour les solliciter. Les grilles assurent au professeur des écoles de ne laisser personne sur le chemin.

Film 12 – Comment côntrôler l'activité des élèves ?

Comment éviter que des élèves choisissent toujours le même espace ?

D'abord dédramatiser : qu'un enfant choisisse toujours la même activité n'a rien d'obsessionnel et ne doit pas être une situation conflictuelle avec l'adulte. L'élève manifeste le goût, le plaisir qu'il éprouve à manipuler tel jeu ou tel objet (par exemple, les ciseaux). Si l'adulte laisse l'enfant assouvir ce plaisir en le laissant manipuler et pratiquer à son gré, ce dernier sera d'autant plus coopératif pour suivre l'adulte quand il le sollicitera pour venir travailler en sa compagnie. Il aura intégré que les espaces sont à sa disposition.

Le plus important reste la participation active de l'enfant lors des apprentissages avec l'adulte. Cette participation ne portera ses fruits que si l'enfant est disponible, à ce moment-là, pour apprendre.

À l'inverse, comment réagir face à des enfants « papillons » ?

Un enfant papillon se déplace d'un espace à un autre sans se fixer durablement. Il semble ne pas avoir d'envie particulière, il suit ses pairs, vide des caisses de jeux mais ne joue pas, s'installe, repart, ne construit rien... Il est en perpétuel mouvement. Or, souvent, ces enfants sont capables de fixer leur attention quelques minutes en tête à tête avec l'adulte. Il sait répondre à une consigne, aller au bout d'une tâche lorsqu'il est accompagné. Il suffit, d'ailleurs de peu de temps, parfois à peine dix minutes pour qu'un enseignant soit efficace en termes d'apprentissage. Dix minutes, en relation duelle, sont plus efficientes que trente minutes autour d'une table en atelier, noyé dans un groupe, pour réaliser contraint et forcé une activité qu'on n'a pas choisie.

Ces enfants « papillons » ont encore de gros besoins moteurs ou / et n'arrivent pas encore à gérer la multiplicité de nouveautés qu'il y a dans la classe. Ils ont envie de tout, d'être présents partout. Le temps est un allié : il est intéressant de voir l'évolution du comportement à plusieurs périodes de l'année et de la noter dans les écrits professionnels.

Que faire d'un enfant assis longuement sur le banc qui ne fait rien ?

En premier lieu, il ne fait pas « rien » ! : il se repose, récupère, rêve, observe, réfléchit... S'il ne vient pas quand l'adulte l'interpelle, il faut respecter sa décision ; ce n'est peut-être pas le bon moment. Les enfants ne démarrent pas tous avec une énergie identique ou un engouement similaire. Certains sont réactifs dès le petit déjeuner, d'autres en milieu de matinée. Chacun son rythme.

En deuxième lieu, la société actuelle refuse de laisser les enfants s'ennuyer : il faut qu'ils soient sans cesse occupés, stimulés. C'est ainsi que, même dans les crèches, les activités se succèdent les unes aux autres, à un rythme effréné. Albert Jacquard a écrit de longs plaidoyers sur l'ennui et les enfants : « Laissez-les s'ennuyer, c'est dans l'ennui qu'on se construit ! »

En troisième lieu, forcer un individu à entrer dans un apprentissage serait violent, stérile et contraire à l'idée d'une école bienveillante.

Comment avoir le temps de bien observer tous les enfants, un par un ?

Il faut croiser les remarques, les points de vue des différents adultes pour découvrir les multiples facettes des élèves.

Plusieurs approches sont possibles :
– choisir de suivre sur un créneau d'environ une heure un enfant du regard et observer son comportement, ses déplacements, ses choix ;
– se positionner sur un espace et observer attentivement l'élève en question ;
– observer le même élève hors classe, par exemple dans la cour de récréation, pour affiner l'observation (plus d'interactions langagières, plus isolé...) ;
– demander à une ATSEM ou à un stagiaire de filmer une partie ou la totalité des séances : lors du visionnage, le maître repère toujours des éléments sur l'élève qu'il n'avait pas perçus lors de l'action.

➤ Film 11 – Comment libérer l'enseignant pour qu'il observe sereinement les élèves ?

Comment construire des affichages collectifs ? Des référents communs ?

En petite section, les affichages communs sont construits en tout petits groupes mais sont largement commentés, par la suite, en relation individuelle. Pour cela, il faut qu'ils soient à portée de vue des enfants.

En moyenne et grande sections, ils sont construits :
– en petits groupes et présentés à la fin de l'activité aux autres élèves,
– en grand groupe classe pour une séance vécue en collectif (sport, sortie, événement...),
– par l'enseignant : ils font alors office de support pour questionner l'écrit.

Film 6 – Comment construire des référents communs ?

Une étude américaine récente montre que lorsque les murs de la classe sont chargés d'affiches, les enfants d'école maternelle ont plus de difficultés dans les apprentissages, du fait des capacités de concentration encore parfois immatures. Il faut donc veiller à ce que les affichages soient toujours pertinents.

Comment disposer de beaucoup d'adultes pour animer les espaces ?

La réflexion en équipe est importante : d'une part, il peut se décider en conseil des maîtres de la répartition des ATSEM sur les classes, essentiellement pour la matinée ; la priorité étant alors donnée aux classes des plus jeunes. D'autre part, il faut utiliser diverses ressources humaines comme, entre autres, les stagiaires CAP Petite Enfance. Mais il n'est pas nécessaire d'avoir la présence d'un adulte par espace. Il faut veiller à deux points essentiels : que l'enfant puisse toujours trouver du réconfort, de l'aide si besoin et qu'il soit le plus autonome possible.

D'ailleurs, **l'autonomie** s'acquiert petit à petit : c'est avant tout la distance que l'enfant est capable de mettre entre la sphère familiale et sa capacité de faire face seul aux événements nouveaux liés à la scolarisation. Dans le langage courant, l'autonomie désigne la liberté d'action d'un individu qui peut décider de sa vie par lui-même en fonction de sa volonté et de ses désirs, sans être soumis à la tutelle d'une autorité. À l'école, il va devoir organiser seul, avec des pairs ou de nouveaux adultes son rapport aux espaces, au temps, aux objets...
L'autonomie peut donc s'acquérir à tout âge en se confrontant aux autres.

Différents types d'autonomie seront utilisés à l'école maternelle :
– L'autonomie affective et relationnelle qui va conduire l'enfant à la socialisation et l'acquisition de l'indépendance.
– L'autonomie physique qui lui donnera la possibilité d'agir sur lui-même dans ses gestes les plus quotidiens.
– L'autonomie intellectuelle pour lui permettre de penser par lui-même, le langage étant le plus important vecteur.

Quelles conséquences sur mes préparations de classe ?

Elles sont allégées car le travail le plus conséquent consiste à préparer les scénarii des espaces. Mais, une fois qu'ils sont constitués, il suffit de rédiger une feuille pilote mentionnant la présence des adultes et le rôle de chacun.

Les enseignants de l'école de Malves en Minervois dans l'Aude prévoient, pour une période complète, sous forme de carte mentale, l'ensemble des activités qui seront proposées aux enfants lors des temps dédiés aux espaces d'apprentissage. C'est un gain de temps pour les deux enseignants qui travaillent ensemble mais c'est surtout une vision globale et large de l'ensemble des compétences travaillées et de l'organisation retenue. (voir page suivante)

Les programmes pour l'école maternelle en vigueur définissent « *[...] cinq domaines d'apprentissage. Cette organisation permet à l'enseignant d'identifier les apprentissages visés et de mettre en œuvre leurs interactions dans la classe. Chacun de ces cinq domaines est essentiel au développement de l'enfant et doit trouver sa place dans l'organisation du temps quotidien. Dans la mesure où toute situation pédagogique reste, du point de vue de l'enfant, une situation riche de multiples possibilités d'interprétations et d'actions, elle relève souvent pour l'enseignant de plusieurs domaines d'apprentissage.*[1] »

C'est donc bien dans la transversalité que s'inscrivent les apprentissages, en particulier les apprentissages langagiers. Les temps des « espaces » au cours desquels les enfants circuleront librement seront donc propices à développer ces apprentissages fondamentaux. Ils devront se situer au moment de la journée le plus favorable en termes de vigilance. Plusieurs études s'accordent pour dire que l'enfant arrive à l'école fatigué (8 h 30), quelle que soit la durée de son sommeil la nuit précédente. Il augmente ensuite progressivement ses capacités d'attention et d'apprentissage dans la matinée avec un pic vers 10 - 11 heures. Celles-ci vont ensuite diminuer en début d'après-midi et être à nouveau performantes vers 15 - 16 heures.[2]

L'emploi du temps défini par l'enseignant prendra donc en compte ces éléments propres aux rythmes de l'enfant. Il permettra ainsi d'alterner temps d'activités et temps calmes en lien avec les espaces aménagés.

L'emploi du temps comme les espaces sont au service des apprentissages.

---

1. Nouveaux programmes pour l'école maternelle, BO spécial n°2 du 26 mars 2015.

2. Rapport « Aménagement du temps scolaire et santé de l'enfant », Académie nationale de médecine, janvier 2010.

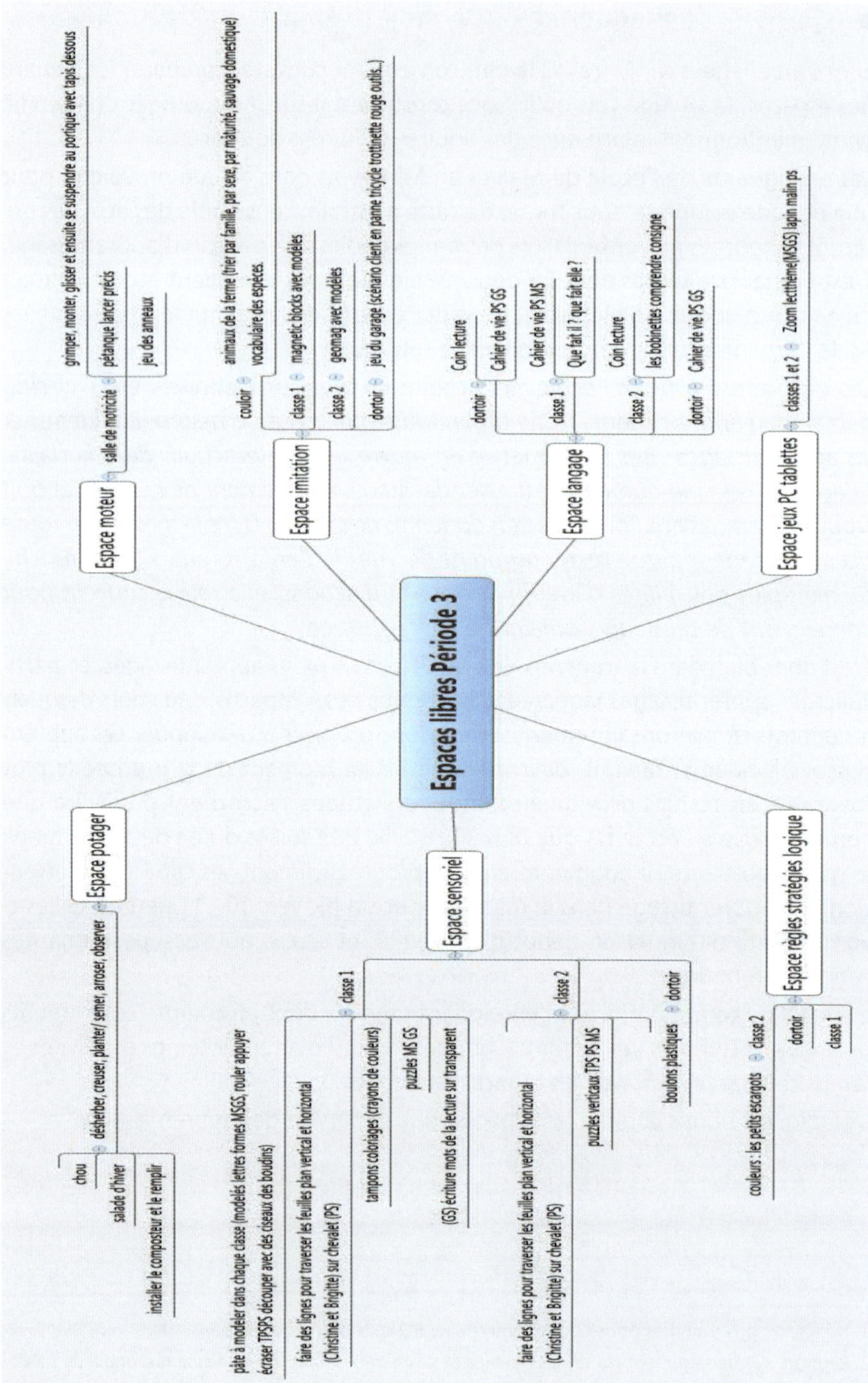

Espaces libres Période 3
Espace moteur
salle de motricité
grimper, monter, glisser et ensuite se suspendre au portique avec tapis dessous
pétanque lancer précis
jeu des anneaux
Espace imitation
couloir
animaux de la ferme (trier par famille, par sexe, par maturité, sauvage domestique)
vocabulaire des espèces.
classe 1
magnetic blocks avec modèles
classe 2
geomag avec modèles
dortoir
jeu du garage (scénario client en panne tricycle trottinette rouge outils...)
Espace langage
dortoir
Coin lecture
Cahier de vie PS GS
classe 1
Cahier de vie PS MS
Que fait il ? que fait elle ?
classe 2
Coin lecture
les bobinettes comprendre consigne
dortoir
Cahier de vie PS GS
Espace jeux PC tablettes
classes 1 et 2
Zoom lecthème(MSGS) lapin malin ps
Espace potager
désherber, creuser, planter/ semer, arroser, observer
chou
salade d'hiver
installer le composteur et le remplir
Espace sensoriel
classe 1
pâte à modeler dans chaque classe (modelés lettres formes MSGS, rouler appuyer
écraser TPSPS découper avec des ciseaux des boudins)
faire des lignes pour traverser les feuilles plan vertical et horizontal
(Christine et Brigitte) sur chevalet (PS)
tampons coloriages (crayons de couleurs)
puzzles MS GS
(GS) écriture mots de la lecture sur transparent
classe 2
faire des lignes pour traverser les feuilles plan vertical et horizontal
(Christine et Brigitte) sur chevalet (PS)
puzzles verticaux TPS PS MS
dortoir
boulons plastiques
Espace règles stratégies logique
classe 2
couleurs : les petits escargots
dortoir
classe 1

Puis-je me lancer même si je n'ai pas beaucoup de jeux dans mon école ?

En mutualisant les jeux de l'école, les enseignants s'aperçoivent assez rapidement que leur établissement a quelques ressources, parfois même inattendues ! En outre, les scénarii de cet ouvrage ont comme support des objets, des éléments de l'environnement proche : pâtes, bouchons en plastique, boîtes d'œufs... rien de coûteux mais tout d'accessible. Le maître peut investir dans des jeux de construction sans viser la sophistication du matériel. Quelques planchettes de bois ou cubes stimulent l'imagination et la créativité pour quelques euros !!

Toutefois, il est nécessaire d'avoir de la nouveauté pour les élèves de la grande section : certains d'entre eux commencent leur quatrième année d'école maternelle et peuvent, à ce titre, ressentir de la lassitude pour un matériel qui n'a plus de secret pour eux. Des jeux de société spécifiques, un jeu de construction, des figurines, un château-fort... relancent le plaisir de la manipulation.

Puis-je intégrer des apprentissages mathématiques, par exemple, dans l'espace jeux d'imitation ou jeux de construction ?

Il faut se garder de vouloir « récupérer » le jeu à des fins d'apprentissage autres que l'acquisition du langage. En effet, les espaces jeux de la classe sont des supports pour des activités qui apprennent avant tout aux enfants à interagir et à oraliser. Le jeu doit avoir une place centrale tant dans le discours que dans la pratique. Or souvent il est déguisé en travail... et vice versa !

J'ai essayé de me lancer... et je n'y arrive pas. Pourquoi ?

Travailler à partir des espaces remet en cause des habitudes de fonctionnement dont il va falloir, au nom de la bienveillance, faire table rase. C'est l'équivalent d'un travail de deuil et cela passe par l'acceptation :

- de ne plus être dans une toute-puissance qui place l'enseignant comme personnage central de la classe ;
- de ne plus être dans le contrôle permanent de l'activité des élèves ;
- de voir des enfants se déplacer selon leur gré et non selon le désir du maître ;
- de ne plus décider à la place de l'élève ;
- d'autres voies d'apprentissage (en observant les enfants) que celles pensées par le professeur des écoles ;
- de la part essentielle du jeu libre.

D'ailleurs, Gilles Brougère écrit à ce sujet :

« *L'enfant aurait besoin à cet âge de vrai jeu libre, sans intervention de l'instituteur, mais la définition de notre rôle ne le permet pas vraiment. C'est sans doute là l'obstacle essentiel. Laisser faire l'enfant donne à l'enseignant le sentiment de ne plus accomplir la tâche pour laquelle il a été recruté. Il doit constamment apporter cette dimension pédagogique pour laquelle il estime être payé.* »[3]

Il faut mettre en avant les besoins des enfants et réfléchir à des attitudes bienveillantes. Cela passe inévitablement par des changements de comportement de l'adulte. Mais le jeu en vaut la chandelle pour les deux parties : élève / adulte.

Comment se passe la suite pour les élèves, au CP ?

Les enfants, dans le dispositif des espaces, ont l'habitude de changer d'espaces, d'adultes, d'interlocuteurs. Ils savent travailler seuls, aller au bout de leur tâche, fournir des efforts et relever des défis. Au CP, ils savent s'occuper quand ils ont fini une activité, ne sollicitent pas en permanence l'enseignant.

Y a-t-il une réelle différence de niveau entre des élèves ayant vécu un fonctionnement plus classique et ceux qui ont connu ce dispositif ?

Aucune étude encore sur le sujet ne peut prouver quoi que ce soit. Mais les auteurs peuvent avancer de manière certaine que les élèves, dans le dispositif des espaces, ont multiplié les possibilités d'interactions langagières, de jeux, d'expérimentations... et ce toujours dans le respect de leur besoin.

---

3. *Jeu et éducation*, L'Harmattan, 2000, p. 228.

Les points de vigilance

- **« Il faut de l'espace » :** le dispositif est à adapter, non à « copier-coller ». Il faut, dans un premier temps, recenser dans une école les espaces disponibles (couloir, salle de jeu, dortoir...) et réfléchir à un aménagement possible : installer un espace moteur dans un couloir, un bac à semoule dans une salle de jeu, un espace gros jeux de construction dans un dortoir...). Dans un second temps, il faut penser en termes d'organisation d'équipe et de répartition des tâches ou des activités.
- **« Il faut du personnel » :** accepter que les ATSEM ne soient pas rattachées à une classe spécifique mais soient attribuées selon les besoins, les dispositifs, les niveaux...

Exemple : Plus d'ATSEM le matin sur la classe des PS, une ATSEM dans la salle de jeu pour une activité, si cela le nécessite...

Compter également sur les stagiaires CAP petite enfance qui font des stages de 3 à 4 mois dans les écoles maternelles et qui représentent une aide indéniable.

- **« Il faut bien s'entendre dans l'équipe » :** un tel projet fait appel effectivement à la collaboration de toute une équipe d'où la nécessité d'anticiper, discuter de la mise en place quelques mois avant la rentrée.
- **« Il faut du matériel » :** encore une fois, il ne s'agit pas de « copier-coller » pour reproduire à l'identique mais de susciter un questionnement sur l'existant : « Qu'est-ce que je peux mettre en place dans mon école avec ce que j'ai sous la main ? »
- **« Il y a du bruit » :** le mouvement, les déplacements, les interactions langagières nécessitent une certaine tolérance au bruit !

Le bien vivre l'école, un enjeu pour l'enseignant

Malgré les contraintes (institutionnelles, logistiques, pratiques, organisationnelles...), l'enseignant a un rôle à jouer dans l'organisation de l'espace et les choix qu'il fera doivent permettre à ses élèves de mieux apprendre.

Chaque élève est précieux car il est unique pour son enseignant. Unique mais jamais vraiment seul dans un groupe classe où, de plus, les fonctionnements en ateliers et les regroupements font très vite oublier ce que chaque élève a de particulier. La pédagogie des espaces oblige à tenir compte du caractère unique de l'élève.

La réussite d'un jeune élève n'appartient pas en totalité à l'enseignant mais résulte de la combinaison de plusieurs facteurs : le processus de maturation de l'enfant, l'apport de l'entourage proche (parents, fratrie), l'apport de l'environnement (ordinateurs, jeux...), le rôle et l'intervention des différents adultes de l'école. Il faut rester humble et savoir partager cette réussite.

En revanche, la responsabilité de l'enseignant est importante dans le désir d'école et le bien vivre l'école : la pédagogie de l'espace, en ce sens, est fondamentale parce qu'elle respecte les besoins physiologiques, moteurs, cognitifs de l'individu, qu'elle le sécurise et le rend disponible pour les apprentissages. Cette réussite appartient aux enseignants et à l'ensemble de la communauté éducative.

Bibliographie

- **Barrett P., Davies F., Zhang Y., Barrett L.,** *The impact of classroom design on pupils' learning: Final results of a holistic, multi-level analysis*, Building and Environment (2015), doi : 10.1016/j.buildenv.2015.02.013.
- **Gilles Brougère,** *Jeu et éducation*, Éditions L'Harmattan, 2000.
- **Marie Gaussel,** *Petite enfance : de l'éducation à la scolarisation,* Dossier de veille de l'IFÉ n° 92, avril 2014.
- **Catherine Gueguen,** *Pour une enfance heureuse*, Éditions Robert Laffont, 2014.
- **Alain Houchot,** *Concevoir et construire des écoles*, Éditions du moniteur, 2013.
- **Alain Legendre,** « Enjeux environnementaux et urbains : Contribution de la psychologie environnementale ». Numéro spécial *Psychologie et Société*, 8, (4). Ramonville, France : Éditions Erès, 2005.
- **Alain Legendre,** extrait d'un entretien, *Fenêtres sur cours*, n° 405, novembre 2014, p. 61.
- **Gilbert Lentschat et Evelyne Drocourt,** *L'enfant, l'espace, les apprentissages*, CRDP d'Alsace 1996 (épuisé).
- **Christine Passerieux,** « La maternelle : première école, premiers apprentissages », *Chronique sociale*, 2009.
- **Thierry Vasse,** *ATSEM – Enseignants : travailler ensemble*, scéren/CRDP Pays de Loire, 2008.
- **Marie-Thérèse Zerbato-Poudou,** *Construire le geste graphique*, Éditions Retz, 2015.
- *Conditions de sécurité des équipements et des matériels utilisés pour les activités éducatives*, coordonné par la DGESCO et le Service des Achats de l'État du ministère de l'Économie et des Finances, Éditions EPS, 1998.

Présentation du DVD

Le DVD contient 12 séquences filmées.
Inspecteurs de l'Éducation nationale : **Catherine Dumas, Jacques Bossis**
Conseillères pédagogiques : **Claudie Méjean, Stéphanie Perez**
Enseignantes : **Vanessa Dezerable, Christine Livérato**
Image, montage, master : **Jean-Paul Therby (MoviesAude)**

Remerciements aux élèves de l'école maternelle Barbacane de Carcassonne ainsi qu'aux Atsem Brigitte et Marie Garcia, Marie-Françoise Durand, Nelly Toustou, Kelly Montrejeau, Nathalie Gatier

1. Comment individualiser le travail de l'élève ?

Durée : 3 min. 38

Il s'agit de trouver des solutions pour que, dans un groupe classe, un élève s'implique personnellement et activement, même s'il n'est pas sous le regard de l'adulte.

2. Comment associer les Atsem au fonctionnement de la classe ?

Durée : 2 min. 45

Au cours des dernières décennies, la fonction de l'Atsem a beaucoup évolué. La mise en œuvre de l'aménagement de l'espace lui confère une dimension supplémentaire et un nouveau rôle à jouer.

3. Comment identifier toutes les réussites des enfants et les valoriser ?

Durée : 3 min. 42

Pour ne pas passer à côté de la réussite d'un enfant quand il n'est pas dans le champ de vision de l'adulte, il faut lui faire prendre conscience de ce qu'il arrive à faire et le valoriser. La notion d'exploit devient incontournable.

4. Comment donner le goût de l'effort ?

Durée : 4 min. 37

Le temps se réfléchit sur la durée : laisser le temps aux enfants de découvrir le matériel, d'en connaître toutes les possibilités, de s'entraîner... et seulement alors l'enseignant pourra cultiver le goût de l'effort.

5. Comment amener l'enfant à dépasser ce qu'il sait déjà faire ?

Durée : 2 min. 40

La plus grande difficulté dans un collectif est de tenir compte du potentiel de chaque individu. Le dispositif des groupes de couleur n'est pas valable puisqu'il s'agit, en priorité, de concéder à chaque élève sa couleur propre. Il faut proposer d'autres moyens.

6. Comment construire des référents communs ?

Durée : 3 min. 31

Qu'ils soient construits par l'adulte ou par les élèves, les référents sont communs à tous même dans une classe où chacun avance selon son rythme, chacun suit son parcours. L'appareil photo est à utiliser sans modération.

7. Comment multiplier les interactions langagières ?

Durée : 6 min. 37

Les espaces sont construits pour faciliter les interagissements et les interactions langagières, que ce soit entre enfants ou entre enfant et adulte. Avoir le choix de son locuteur est déjà un premier pas essentiel pour avoir envie de parler.

8. Comment répondre aux besoins individuels de chaque enfant au sein d'un grand groupe ?

Durée : 4 min. 22

Plus le groupe classe est occupé, plus l'enseignant a du temps à consacrer en toute sérénité à un élève et un seul. Plus les pôles d'attractivité sont nombreux, plus les interventions du maître se réduisent. Plus l'adulte observe les enfants, plus il est efficace dans l'identification des besoins de chacun. N.B. : Album visible dans la séquence filmée : *La chasse à l'ours,* Rosen et Oxenbury © Kaleidoscope, 1997 pour la traduction française.

9. Comment développer l'appartenance à un groupe ?

Durée : 2 min. 49

Les temps collectifs se déclinent en musique, en chanson, en pratique sportive... pour qu'ils deviennent, entre autres, synonymes de partage culturel et de plaisir de grandir ensemble.

10. Comment rendre l'école lisible pour les parents ?

Durée : 1 min. 47

Pour que l'école maternelle soit considérée comme une école première, le professeur des écoles doit réfléchir à des outils concrets pour expliquer aux parents ce qu'est apprendre et comment apprendre quand on est un jeune enfant.

11. Comment libérer l'enseignant pour qu'il observe sereinement les élèves ?

Durée : 1 min. 32

Trois notions sont à développer : temps, entraînement, autonomie pour que les élèves n'aient plus besoin d'accompagnement et s'autosuffisent.

12. Comment contrôler l'activité des élèves ?

Durée : 3 min. 07

Afin d'évaluer les progrès de chaque élève, il est nécessaire de développer des outils d'observation des réalisations individuelles et de permettre à chaque enfant de verbaliser ses réussites et d'en prendre conscience.

Mise en page : Laser Graphie
Direction éditoriale : Sylvie Cuchin
Édition : Anne Marty
Correction : Florence Richard
Photos des auteurs
Illustrations : Clara Livérato
N° de projet : 10210693
Dépôt légal : juillet 2015
Achevé d'imprimer en France, en juillet 2015, sur les presses de SEPEC.

FSC www.fsc.org
MIXTE
Papier issu de sources responsables
FSC® C022030